高等学校通信教育規程
令和3年改正解説

小川慶将

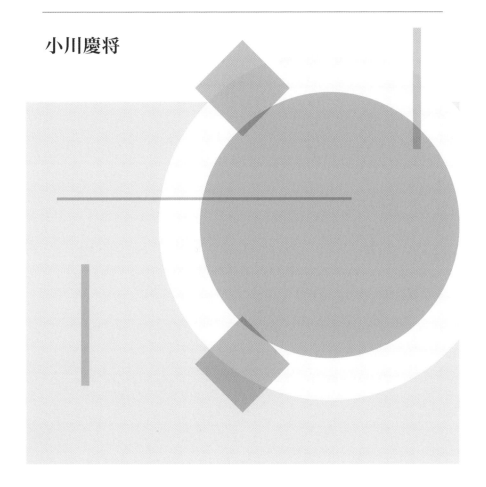

勁草書房

はじめに

　通信制高等学校は今、大きな変革期を迎えている。

　今日の通信制高等学校は、自らのペースで学ぶことができるという通信教育の特性を最大限に活かし、スタートラインも目指すゴールもそれぞれ異なる、多様な生徒が学びに向かう場となっており、時代の変化・役割の変化に応じながら、その有り様は劇的に変わってきている。また、近年の情報通信技術（ICT）の急速な進展や、社会全体のデジタルトランスフォーメーション（DX）化に伴い、高等学校通信教育の質を飛躍的に向上させ得るような新技術を基盤とした、新しい学びの形も次々に生まれてきており、通信制高等学校が魅せる新しい取り組みには、一層の期待が高まっている。

　その一方で、昨今、一部の通信制高等学校におけるずさんな教育実態が次々と明るみになり、通信制高等学校全般に対する社会の信頼を揺るがしかねない状況となっている。こうした事態が、通信制高等学校で懸命に学ぶ生徒や、生徒一人一人に真摯に向き合う教職員をはじめとする、通信制高等学校を支える関係者の努力に疑念が向けられるようなことは決してあってはならず、再発防止に向けた制度改善が急ぎ求められている。

　期待と疑念、その双方に的確に応えていくことができるのか、通信制高等学校の真価が問われている。折しも中央教育審議会等においては、平成31年（2019年）4月の諮問を受けて、通信制課程の在り方に関する本格的な検討が行われることとなった。具体的には、中央教育審議会の下に設置された「新しい時代の高等学校教育の在り方ワーキンググループ」では、高等学校教育全般を見渡した大局的な見地からの検討がなされるとともに、文部科学省初等中等教育局の下に設置された「通信制高等学校の質の確保・向上に関する調査研究協力者会議」では、上記ワーキンググループの検討状況を踏まえな

がら、専門的・実務的な観点から高等学校通信教育に特化した検討が行われてきた。こうした検討の結果は、それぞれの会議での審議まとめ（報告書）へと結実するとともに、そのエッセンスは令和3年（2021年）1月の中央教育審議会の答申にも表れている。

　これらを踏まえ、高等学校通信教育規程の改正等を内容とする「学校教育法施行規則等の一部を改正する省令」（令和3年文部科学省令第14号）及び「高等学校学習指導要領の一部を改正する告示」（令和3年文部科学省告示第61号）が、令和3年3月31日に公布されるに至った。これらの令和3年改正は、通信制高等学校の設置基準としての性格を有する高等学校通信教育規程について、昭和37年（1962年）の制定以来となる概念整理を図るとともに、通信制高等学校で学ぶ全ての生徒が適切な教育環境のもとで存分に学ぶことができるよう、教育課程面、施設設備面、そして学校運営面にわたって多角的な観点から改正が行われており、一部の例外を除き、令和4年（2022年）4月1日から施行されることとなる。

　本書は、こうした令和3年改正による高等学校通信教育規程に関する改正項目を中心に、改正の趣旨や内容をできる限り簡潔明瞭に解説しようとするものである。このような解説を試みようと考えたのは、著者自ら、文部科学省初等中等教育局参事官（高等学校担当）付に在籍し、高等学校教育行政の一担当者として、令和3年改正に携わったことに加え、高等学校通信教育を取り巻く法制度の解釈に悩み、過去に発出された文部科学省の通知・通達や行政実例等をひも解きながら、適切と考えられる解釈にたどり着くまでに多くの時間を費やしたことがその背景にある。通信制高等学校に関わる様々な方々から、関係法令を遵守するにあたって、それらをどのように解するべきであろうかと、日々悩んでおられる実態をうかがうにつれ、一担当者として到達した解釈を、関連する資料と併せて示すことでその一助となることを願い、今般の改正の時機を捉え筆を執った次第である。

　本書の特徴は、令和3年改正の趣旨及び内容を十分に伝えることができるよう、第1章「概要解説」、第2章「逐条解説」、第3章「一問一答」の3章から構成することとしている。第1章では、通信制高等学校を取り巻く制度

概要や現状を概観した上で、令和3年改正の背景や経緯・概要をまとめている。第2章及び第3章では、令和3年改正の個別の改正事項について、それぞれの趣旨及び内容を深掘りすることを目的としている。第2章では逐条形式で各条項の文言に照らしながら詳細な検討を行い、第3章ではそのエッセンスを一問一答形式で簡潔に解説するよう心掛けた。

　本書の対象は、通信制高等学校の管理職・教職員をはじめ、都道府県教育委員会・都道府県私学担当部署の担当者、地方自治体の教育特区担当者、学校法人の担当者、さらには各学校と連携・協働する国内外の大学・企業・地元自治体等の方々など、通信制高等学校を支え、又は将来支える幅広い関係者を念頭に置くものである。本書を通じて、通信制高等学校を取り巻く制度への理解が深まることで、高等学校通信教育の特性を活かした更なる取り組みの実現に資するものとなれば、望外の喜びである。

　なお、本書の解説は、著者が個人の立場で執筆したものであり、本書に記載した一切の内容及び解釈は、文部科学省の公式見解を何ら示すものではなく、全て著者の個人的見解にとどまるものであることにご留意願いたい。

　本書の刊行にあたり、各種会議の主査・座長の立場から議論を牽引し、高等学校教育改革の推進にご尽力いただいた荒瀬克己先生、全国高等学校通信制教育研究会会長・顧問のお立場から数多くの有益なご指導・ご助言をいただいた賀澤恵二先生、点検調査をはじめ様々な取り組みをサポートいただいたNPO法人全国通信制高等学校評価機構副理事長の飯島篤先生、さらには、今般の検討・改正の過程において、ご支援・ご協力を賜りました皆様に、改めて心から感謝申し上げます。また、未熟な小生を育て、支えていただいた、塩川達大前参事官、酒井啓至参事官補佐をはじめとする文部科学省初等中等教育局参事官付の皆様にも、深く感謝の意を表します。

　最後に、本書の刊行に向けて多大なるお力添えをいただいた、勁草書房編集部の藤尾やしお氏に、心からお礼申し上げます。

　　令和3年12月

　　　　　　　　　　　　　　　　　　　　　　小川　慶将

目　　次

第 3 章　一問一答 ………………………………………………………… 129

目　次

凡　例

以下の法令及び報告書・文献等については、それぞれ以下の通り略している。

（1）法令等

法	学校教育法（昭和 22 年法律第 26 号）
施行令	学校教育法施行令（昭和 28 年政令第 340 号）
施行規則	学校教育法施行規則（昭和 22 年文部省令第 11 号）
通信教育規程	高等学校通信教育規程（昭和 37 年文部省令第 32 号）
指導要領	高等学校学習指導要領（平成 30 年文部科学省告示第 68 号）
改正省令	学校教育法施行規則等の一部を改正する省令（令和 3 年文部科学省令第 14 号）
ガイドライン	文部科学省「高等学校通信教育の質の確保・向上のためのガイドライン」（28 文科初第 913 号・29 文科初第 1765 号・2 文科初第 2124 号）

（2）報告書・文献

中教審答申	「『令和の日本型学校教育』の構築を目指して〜全ての子供たちの可能性を引き出す、個別最適な学びと、協働的な学びの実現〜」（令和 3 年 1 月 26 日　中央教育審議会答申）
高校 WG 審議まとめ	「新しい時代の高等学校教育の在り方ワーキンググループ（審議まとめ）〜多様な生徒が社会とつながり、学ぶ意欲が育まれる魅力ある高等学校教育の実現に向けて〜」（令和 2 年 11 月 13 日　中央教育審議会初等中等教育分科会新しい時代の初等中等教育の在り方特別部会新しい時代の高等学校教育の在り方ワーキンググループ）
協力者会議審議まとめ	「通信制高等学校の質の確保・向上に関する調査研究協力者会議（審議まとめ）」（令和 3 年 2 月 25 日　通

信制高等学校の質の確保・向上に関する調査研究協力者会議）

文部省「定通教育必携」　文部省初等中等教育局高等学校教育課編「改訂高等学校定時制通信制教育必携」日本加除出版（昭和 43 年）

鈴木「逐条学校教育法」　鈴木勲編著「逐条学校教育法　第 8 次改訂版」学陽書房（平成 28 年）

第 1 章　概要解説

1. 通信制高等学校の概要

　通信制高等学校は、戦後、勤労青年等に高等学校教育の機会を提供するものとして制度化され、高等学校教育の普及と教育の機会均等の理念を実現する上で大きな役割を果たしてきている。

　昭和23年（1948年）1月9日に文部次官通達「中等程度通信教育実施要領」が発せられ、また、同年5月に高等学校通信教育規程（昭和23年文部省令第5号）が定められ、これによって高等学校通信教育は開設された[1]。開設当初は国語1科目のみであったが、徐々に実施科目数の拡大が図られ、昭和30年（1955年）4月1日の文部事務次官通達により、昭和30年度から通信教育のみで高等学校の卒業が可能となった[2]。昭和36年（1961年）には、学校教育法の改正により、通信制課程が全日制・定時制課程と並んで法令上に位置付けられ、さらに、昭和37年（1962年）には、高等学校通信教育規程の全部改正が行われ、高等学校通信教育の制度的な枠組みが確立するに至っている。

　近年では、高等学校に進学する生徒の能力、適性、興味・関心、進路希望等が多様化する中で、学習時間や時期、方法等を自ら選択して自分のペースで学ぶことができるという通信教育の特性を活かして、勤労青年等のみならず、多様な入学動機や学習歴を持つ生徒に対して教育機会を提供するものとなってきている。加えて、情報通信技術（ICT）の急速な進展や、社会全体のデジタルトランスフォーメーション（DX）化に伴い、高等学校通信教育の質を飛躍的に向上させ得るような、ICTを効果的に活用した新しい学びの形が様々生まれてきており、通信教育の特性を活かした学びの在り方についても一層の多様化が進んでいる。

　こうした時代の変化・役割の変化に応じ、人口減少時代の中においても、

---

[1] 文部省「定通教育必携」12頁参照。
[2] 文部省「定通教育必携」15頁参照。

通信制高等学校の学校数・生徒数は大きく増加している。以下では、令和3年改正の解説に先立つ基礎知識として、通信制課程とは何か、今どのような状況にあるか、その概略を紹介することとしたい。

(1) 通信制高等学校を取り巻く制度概要

ア. 概説

　高等学校には3つの課程、すなわち、全日制課程、定時制課程、通信制課程が存在する。

　全日制課程は昼間において授業を行う課程であり、定時制課程は夜間その他特別の時間又は時期において授業を行う課程である。これに対して、通信制課程は、授業ではなく、自学自習を中核に据えて、添削指導、面接指導及び試験等の方法からなる通信教育を行う課程である。

　通信制課程も全日制・定時制課程と同じく、中学校における教育の基礎の上に、心身の発達及び進路に応じて、高度な普通教育及び専門教育を施すことを目的とするものである。

　そして、その目的を実現するため、高等学校教育を通じて、(1)義務教育として行われる普通教育の成果を更に発展拡充させて、豊かな人間性、創造性及び健やかな身体を養い、国家及び社会の形成者として必要な資質を養うこと、(2)社会において果たさなければならない使命の自覚に基づき、個性に応じて将来の進路を決定させ、一般的な教養を高め、専門的な知識、技術及び技能を習得させること、(3)個性の確立に努めるとともに、社会について、広く深い理解と健全な批判力を養い、社会の発展に寄与する態度を養うことを目標としている。

　また、こうした目標の達成に向けては、生涯にわたり学習する基盤が培われるよう、基礎的な知識及び技能を習得させるとともに、これを活用して課題を解決するために必要な思考力、判断力、表現力その他の能力を育み、主体的に学習に取り組む態度を養うことに、特に意を用いなければならないこととされる。

　全日制課程、定時制課程、通信制課程、それぞれで教育の方法は異なるも

のの、全課程ともその学習の量と質は同等であることが課せられている。また、入学資格、教育内容、教員資格、そして卒業の際に生徒に与えられる資格は全く同じである。

イ．学校運営

通信制高等学校は、全日制・定時制課程と同様に、学校教育法第1条に定められた学校（いわゆる一条校）である。学校は、国[3]、地方公共団体[4]及び学校法人のみが設置することが原則であるが、例外的に、構造改革特別区域法に基づき、地方公共団体が一定の措置を講ずれば、株式会社やNPO法人であっても設置することができる。そして、これらの設置者の区分に応じ、その設置される学校は、国立学校、公立学校、学校法人立学校、株式会社立学校（株立学校）、NPO法人立学校、と呼ばれる。このほか、国公立学校（国立学校及び公立学校）、私立学校（学校法人立学校、株式会社立学校及びNPO法人立学校)[5]、といった2種類に大別して呼ばれることもある。

学校を設置しようとする者は、その学校の目的を実現するために必要な校地、校舎、校具、運動場、図書館又は図書室、保健室その他の設備を設けなければならない。そして、これらの施設及び設備等の基準は、学校の種類に応じ、文部科学大臣が定める設置基準に従う必要がある。通信制高等学校の場合には、その設置基準として、高等学校設置基準（平成16年文部科学省令第20号)[6]及び高等学校通信教育規程（昭和38年文部省令第32号）の適用を

---

[3]「国」には、法令上、国立大学法人法（平成15年法律第112号）第2条第1項に規定する国立大学法人及び独立行政法人国立高等専門学校機構を含む（法第2条第1項）。

[4]「地方公共団体」には、地方独立行政法人法（平成15年法律第118号）第68条第1項に規定する公立大学法人を含む（法第2条第1項）。

[5]「私立学校」との用語は、学校法人立学校のみを意味して用いられることも多いため、文脈に応じてその意味内容を判断する必要がある。本書では、株式会社立学校及びNPO法人立学校を含む広義の意味で用いることとする。

[6] 高等学校設置基準は、施設、設備及び編制に係るものを除き、通信制高等学校に適用される（施行規則第101条第2項）。

受ける。

　また、私立学校の設置・廃止等を行う場合[7]には、学校教育の公共性に鑑み、設置者の区分に応じて、行政庁の認可を受けなければならない。たとえば、学校法人立の高等学校の設置・廃止等を行う場合には都道府県知事の認可が、株式会社立又は NPO 法人立の高等学校の設置・廃止等を行う場合には地方公共団体の長の認可が、それぞれ必要となる。これら都道府県知事等の認可権者は、私立学校の設置・廃止等の認可を行う場合には、あらかじめ私立学校審議会等の意見を聴かなければならない。

　都道府県知事等の認可権者は、私立学校の設置・廃止等の認可を行う権限を有するのみならず、認可した私立学校に対して、たとえば、教育の調査、統計その他の必要な報告書の提出を求めたり、故意に法令違反が行われるなどの場合には学校閉鎖を命じたりすることができるなど、様々な監督権限を有している。こうした各種の監督権限を有する認可権者については、私立学校法の定義を踏まえ、「所轄庁」と呼ばれる。

　通信制高等学校の設置・廃止等は、基本的には、全日制・定時制課程を置く高等学校と同様の手続きを経ることになる。もっとも、広域通信制高等学校（3 都道府県以上の区域を対象に高等学校通信教育を実施する学校のことをいう。）[8]の設置・廃止等に関しては特則が定められている。具体的には、学校の設置・廃止や設置者の変更等を行うときのみならず、学則の変更を行うときにも、所轄庁の認可を受けることが必要となる。さらに、当該所轄庁は、

---

[7]　私立学校の設置・廃止等を行う場合のほか、初等中等教育段階では、市町村立の高等学校・中等教育学校・特別支援学校の設置・廃止等を行う場合には、都道府県教育委員会の認可が必要となる（法第 4 条第 1 項第 2 号）が、議論の複雑化を回避するため、本書ではこの点を省略して解説する。

[8]　広域通信制高等学校は、法令上の定義によれば、①当該高等学校の所在する都道府県の区域内に住所を有する者のほか、全国的に他の都道府県の区域内に住所を有する者を併せて生徒とするもの（法第 54 条第 3 項本文）、②当該高等学校の所在する都道府県の区域内に住所を有する者のほか、他の 2 以上の都道府県の区域内に住所を有する者を併せて生徒とするもの（施行令第 24 条）、のいずれかを満たす通信制高等学校のことをいう。

その認可を行う場合には、あらかじめ文部科学大臣に届出を行うことが必要となる。

学校教育は、こうした認可を受けた上で、その本校で行うことが原則である。もっとも、通信制高等学校の場合には、本校から遠距離に住所を有する生徒の便宜を図るため、他の高等学校等の施設・設備を使用して、本校以外の場において面接指導や試験等を実施することが少なくない。こうした本校以外の場として使用される学校や施設は「サテライト施設」と呼ばれる。また、このうち、教室を貸し出すなど、面接指導や試験等の実施に協力する高等学校は、通信教育規程の定義を踏まえ、「協力校」と呼ばれる。

ウ．教育課程

通信制課程の教育は、全日制・定時制課程で行われる授業とは異なり、自学自習を中核に据えて、添削指導、面接指導及び試験の方法により行うとともに、放送その他の多様なメディアを利用した指導等（以下「メディア指導」という。）の方法を加えて行うことができることとなっている。

添削指導は、生徒が学校に提出する報告書（レポート）を教師が添削し、これを生徒に返送することにより指導する方法である。指導にあたっては、生徒の学習の状況を把握し、何が理解でき、何が理解できていないか、生徒の基礎学力は十分かどうか、生徒の思考の方向性とつまずきを的確に捉え指導していくことが必要とされる。

面接指導は、生徒が学校に登校して、直接教師の指導を受けるとともに、集団の中で共同学習をする場を提供するものであり、生徒の人間形成を図る上でも重要な意義を持つ。指導にあたっては、個別指導を重視して一人一人の生徒の実態を十分把握し、年間指導計画に基づき、自宅学習に必要な基礎的・基本的な学習知識について指導したり、添削指導を通して明らかとなった個々の生徒の持つ学習上の課題に十分考慮し、その後の自宅学習への示唆を与えたりするなど、計画的・体系的に指導することが必要とされる。面接指導は「スクーリング」とも呼ばれる。

試験は、こうした添削指導及び面接指導の内容と関連づけながら、添削指

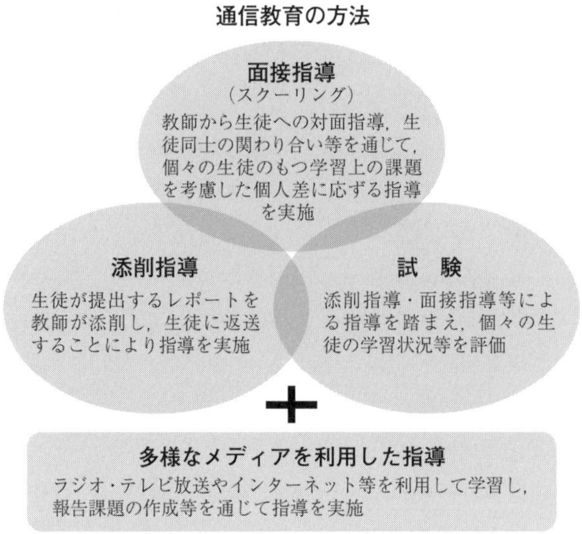

通信教育の方法

面接指導
（スクーリング）

教師から生徒への対面指導，生徒同士の関わり合い等を通じて，個々の生徒のもつ学習上の課題を考慮した個人差に応ずる指導を実施

添削指導

生徒が提出するレポートを教師が添削し，生徒に返送することにより指導を実施

試　験

添削指導・面接指導等による指導を踏まえ，個々の生徒の学習状況等を評価

多様なメディアを利用した指導

ラジオ・テレビ放送やインターネット等を利用して学習し，報告課題の作成等を通じて指導を実施

図1　高等学校通信教育の概要[9]

導や面接指導における学習成果の評価とあいまって、単位を認定するために個々の生徒の学習状況等を測るための手段として行われるものである。

　メディア指導は、ラジオ放送、テレビ放送、インターネット等を利用して、NHK 高校講座や学校が独自開発した動画教材等を視聴し、報告課題の作成・提出・添削等を通じて指導を行ったり、同時双方向型のテレビ会議システム等を用いた指導を行ったりするものである。これらの指導を通じた学習を計画的かつ継続的に実施する場合には、その教科・科目の面接指導の時間数又は特別活動の時間数のうち、10 分の 6 以内の時間数を免除することができるとされている[10]。これは、こうした多様なメディアを利用した学習が、

---

[9]　通信制高等学校の質の確保・向上に関する調査研究協力者会議（第7回）参考資料2「高等学校通信教育の現状について」（令和3年2月25日）

[10]　生徒の実態等を考慮して特に必要がある場合は、複数のメディアを利用することにより、面接指導の時間数又は特別活動の時間数のうち 10 分の 8 以内の時間数を免除することができる。なお、ここでいう「生徒の実態等を考慮して特に

日常の学習上の支障を解決し、教科書等による自宅学習の学習効果を高める上で大きな役割を果たすことに鑑み、認められているものである。

では、全日制・定時制課程と通信制課程とで、同じ1単位を修得するにあたり、それぞれの教育は具体的にどのように異なるのであろうか。

全日制・定時制課程は、「授業」を行うとされ、各教科・科目等の単位数は、1単位時間を50分とし、35単位時間の授業を1単位として計算することが標準として定められている（指導要領第1章総則第2款3(1)ア）。すなわち、1コマ50分の授業が35コマ開設されることをもって1単位となる。たとえば週1コマの頻度で授業を行う科目は、通年で行えば年間40コマ弱の時間数が確保される[11]から、1単位相当の科目として換算される。

これに対して、通信制課程では、添削指導、面接指導及び試験等といった通信教育の方法により教育を行うものであり、各教科・科目等の単位数は、次頁の表に記載する添削指導の回数及び面接指導の単位時間数（1単位時間は50分として計算）を1単位として計算することが標準として定められている（指導要領第1章総則第2款5(1)）。

たとえば、数学Ⅰ（標準単位数3単位）を開設する場合には、全日制・定時制課程は、35単位時間×3単位分の計105単位時間の授業を行うことが標準となる。他方で、通信制課程は、添削指導を3回×3単位分の計9回、面接指導を1単位時間×3単位分の計3単位時間、加えて試験を行うことが、

必要がある場合」とは、文部科学省「高等学校学習指導要領（平成30年告示）解説総則編」（平成31年1月23日）116頁によれば、「病気や事故のため、入院又は自宅療養を必要とする場合、いじめ、人間関係など心因的な事情により登校が困難である場合、仕事に従事していたり、海外での生活時間が長かったりして、時間の調整が付かない場合、実施校自らが生徒の実態等を踏まえ、複数のメディア教材を作成する等により教育効果が確保される場合」などが想定されている。

[11] 文部科学省「平成27年度公立高等学校における教育課程の編成・実施状況調査の結果について」によれば、平成27年度入学者の同年度の総授業日数（全日制・普通科の場合）について、180日以下との回答が1.9%、181日以上189日以下との回答が7.9%、190日以上199日以下との回答が59.8%、200日以上209日以下との回答が25.7%、210日以上との回答が4.8%となっている。

添削指導の回数及び面接指導の単位時間数の標準

各教科・科目	添削指導（回）	面接指導（単位時間）
国語、地理歴史、公民及び数学に属する科目	3	1
理科に属する科目	3	4
保健体育に属する科目のうち「体育」	1	5
保健体育に属する科目のうち「保健」	3	1
芸術及び外国語に属する科目	3	4
家庭及び情報に属する科目並びに専門教科・科目	各教科・科目の必要に応じて2〜3	各教科・科目の必要に応じて2〜8

それぞれ標準となる[12]。

　もっとも、生徒が単位認定を受けるためには、先に述べた標準単位時間数や標準回数をただ単に履修すればよいのではなく、全日制・定時制・通信制いずれの課程であっても、各教科・科目等ごとに指導要領に定められた目標からみて十分に満足できる学習成果が認められることが必要になる。これにより、課程の別によらず、単位認定及び卒業時には、個々の生徒が一定の教育水準に共通に達していることが制度上期待されている。

　最後に、こうした通信教育の特質について、制度化当初、文部省「中等学校通信教育指導要領（試案）」において説明が試みられており、現在にも通ずるものがあることから、以下のとおり、その一部を併せて紹介することと

---

[12] 全日制・定時制課程の授業と通信制課程の面接指導との間には、標準単位時間数に相当程度の差があるところ、このこと自体が、高等学校通信教育の本質は、外形的に課される添削指導、面接指導及び試験等の実施それ自体にあるのではなく、これらの方法を通じて活発化される「自学自習」にこそ見出されるものであることを裏付けているように思われる。

したい。なお、同試案が作成された昭和23年当時では、通信制課程が学校教育法に位置付けられておらず、同試案中の「学校教育」とは全日制・定時制課程のことを意味する点に留意いただきたい。

◆文部省「中等学校通信教育指導要領（試案）」（昭和23年2月13日）（抄）

第二章　通信教育の特質と予備的調査

一、通信教育は学校教育とどう違うか。

　一般に学校教育では、教師が直接に生徒と接触して果たす役割が著しく大きい。これまでの古い教育では、教科書を生徒に講義することに教師の努力の中心がおかれ、しばしば、教師中心主義と名づけられるほど教師が中心になつて活動しなければならなかつた。新しい教育では生徒の発達を中心とする学習活動が重視されているが、それは教師の必要性が減少することを意味するのではなく、逆に教師の更にいつそう細心に行届いた指導が必要とされるのである。したがつてそのいずれの場合においても、教師の生徒に対する直接指導が、教育作用の中核をなすことには変わりがない。ところが、われわれの通信教育の場合には通信の手段による指導があくまで本体であつて、直接指導を行うことがあつても、それは通信教育にとつて本質的な方法をなすものではない。そこから学習指導の技術について、学校教育とは全然別個の構造を持つことになり、特別な研究が必要となるのである。われわれは、その特質をはつきり認識し、それを伸ばし活用することに努力しなければならない。

　一般に学校で行われる生徒の学習指導では、教師は一定の計画をもつて学習指導にかかる。その場合、発展させるべき生徒の経験をあらかじめ調査し、教材の学習に導入する。教師は常に生徒の心理的な動きに従つて、興味や理解度や疲労等を観察し、また個人差を判別してその時々に最も適切な指導方法を選ぶことができる。その間必要に応じて予定の計画を変更し、たとえば十分に理解しえたと認めれば、更に程度の高い教材を与えてこれを補い、また理解が不十分であるときには、反復させてこれを徹底的に理解させることもできる。また予想した学習活動に集中できないような事情があれば、教師はこれを誘導して一定の学習態度にもつてゆく工夫をすることもできる。

　さて通信教育の特質は、あくまで、自学独習を中心とする個別指導である。教師の指導プランは、この特質をあくまで生かすように計画されなければな

らない。通信教育生は、他面また、形式的な時間に拘束されることがないから、自分の歩速（ペース）に従つて学習を進めることができる。また教室学習と違つて学習における個人差が無視されることはない。すなわち通信学習では、どこまでも自分のこれまでの経験を尊重し、自己の学習能力に応じてこれを発展させることができるのである。

　然し、通信教育においては、学校としての教育的環境の共同学習の点で大きなマイナスがある。ところが、通信教育生は多くその職場にあつて、直接に、社会そのものに接触しているのであるから、より現実的で盛んな社会的経験をおのずから教育的に発展させることができる。したがつて教師は、これら通信教育生の社会的な経験を善導するように努力しなければならない。又通信教育は、通信によらなければならないという方法上の制約のために、いろいろの点で欠陥があるのは当然である。すなわち、教師との個人的な接触や共同学習の利益を受けることができない。以上、通信教育の長所と短所についてのべたが、要するに通信教育を担当する教師は、あくまでその特徴を生かすとともに、その欠陥を補うために多くの研究とくふうとを必要とする。

第五章　通信教育における学習指導

二、通信教育生の学習態度をどう指導するか。

　通信によつて学業を続けようとする青少年に対しては、まず通信教育生としての学習態度をはつきりつくりあげさせることがたいせつである。通常の学校や学級は、一つの教育的集団として学習環境を形作つているから、そこにおのずから教育的ふん囲気ができあがつている。したがつて自然のうちに学習態度ができ、また教師も不断にこれを指導することができる。ところが、通信教育はあくまで自学がたてまえであるから、望ましい学習態度をつくることは決して容易ではない。おそらく通信教育上のうちには、要求された課題に対して報告書を提出し、資格を得ればよいという安易な考えをいだいているものもあるであろう。これに対して、通信教育が決して安易なものではなく、一定の時間をかけ、規則正しい学習を続ける努力と忍耐とが必要であるということを、はつきりと自覚させなければならない。たとえば最初から報告を書くことに気をとられないよう、たいせつなのは、学習活動そのものなのであるから、教科書の指定された部分をゆつくりとていねいに読みとり、その内容を充分に理解し、要求された学習活動を落ちなく進め、一応すべての作業が完了したのちにはじめて報告課題に取りかかるような、学習方法をよく教えておくことがたいせつである。また学習が正しく進められたかどうか、

予想される学習効果があがつたかどうかをしばしば反省し、自己検査をなし、疑問の点に出合つたら遠慮なしに質問用紙に書いて送るように指導しなければならない。しかし、報告書を手伝つて貰つたり、参考書をまるうつしにした報告を出したりすることをやめさせ、着実な学習をさせなければならない。また、学習活動は、報告書を提出し、パスすればそれで完了したのではない。返送された添削・批評をよく読み、学習の欠点を訂正し、これを完全なものとして置き、それをもつて、次の報告書を出す参考にし、終末試験のための準備にするようにしなければならない。

　次にたいせつなことは、報告書の正しい書き方を早いうちに指導し、よくのみこませておくことである。新しい学級学習では、ディスカッションそのほかの言語表現の教育が重視されているが、通信教育では、文章を書くことによつてはつきりと順序よく自己を表現するように指導されなければならない。この報告表現の教育指導がよく行われていないと、いつまでたつても通信指導の効果があがつて来ないのである。報告表現の練習は通信教育生に課せられた基礎訓練であるから、指導者の方でもその指導についての研究が必要となるのである。

　解答報告でも、質問事項でも、簡潔な表現をすること、要点をはつきり表現すること、文字を正確に読みやすく書くこと等であるが、教師はことに最初のうちにできるだけ刻明にこれを訂正し、書き改め、最もよい書き方の例を示すなど、念入りに指導をしなければならない。そのためには模範的な報告書の例をプリントにして送ることなども試みられるべきであろう。

(2) 通信制高等学校に関する現状

ア．通信制高等学校の学校数・生徒数

　高等学校の学校数については、令和2年（2020年）5月1日時点において、全日制高等学校が 4,702 校（全体の 84.0％）、定時制高等学校が 640 校（全体の 11.4％）、通信制高等学校が 257 校（全体の 4.6％）となっている。このうち、通信制高等学校の学校数について、設置者別に見れば、国立学校が0校、公立学校が 78 校、私立学校が 179 校（このうち学校法人立学校が 163 校、株式会社立学校が 16 校、NPO 法人立学校が0校）となっている。

　高等学校の生徒数については、同じく令和2年5月1日時点において、全

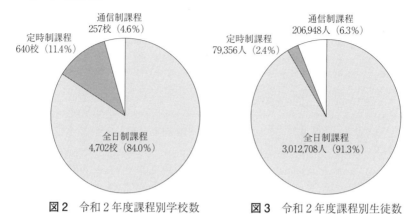

図2　令和2年度課程別学校数

（学校基本調査を基に筆者作成）

図3　令和2年度課程別生徒数

（学校基本調査を基に筆者作成）

日制課程では3,012,708人（全体の91.3%）、定時制課程では79,356人（全体の2.4%）、通信制課程では206,948人（全体の6.3%）となっている。

　このように、通信制高等学校の学校数・生徒数は、高等学校全体に占める割合は高くない。しかしながら、少子化が進む中において、次頁に掲げる図表のとおり、全日制・定時制高等学校の学校数・生徒数は減少傾向にある一方で、通信制高等学校の学校数・生徒数は増加傾向にあり、その存在感は着実に増しつつあるといえる。

　また、通信制高等学校に在籍する生徒は、近年、勤労青年等のみならず、中学校卒業後まもなく、就職等による社会的経験を有していない者も多くなっており、個々の生徒の特性も様々である。通信制高等学校に在籍する生徒層の若年化・多様化が進む中で、通信制高等学校は、今や制度発足当初とは異なった様相をみせているといえる。

イ．教育活動等に関する実態

　高等学校通信教育は、自学自習を中核に据えて行うものであり、日常的に学校等に通学して学ぶことは要しない。一方で、近年は、通信制高等学校であっても、生徒の興味・関心、進路希望等に応じて、生徒が週1日以上通学して学習するコースを自主的に設ける学校が多く見受けられる。このような

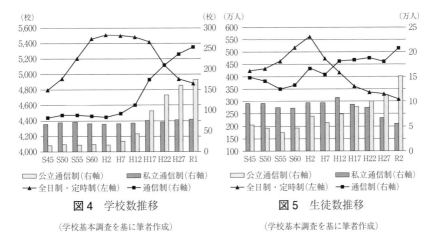

図4 学校数推移

(学校基本調査を基に筆者作成)

図5 生徒数推移

(学校基本調査を基に筆者作成)

コースは「通学コース」と呼ばれる。

　通学コースを設ける目的としては、「自律的、計画的に学習を進めることに課題がある生徒に対して日常的な学習支援の充実を図る」、「学び直し等により基礎的な知識・技能の定着を図る」、「集団活動や人間関係づくり、コミュニケーションスキル育成等の充実を図る」、「生徒指導や教育相談等の充実を図る」、「進路指導、キャリア教育の充実を図る」、「様々な体験活動の充実を図る」などが挙げられる[13]。また、その位置付けについては、面接指導の単位時間数を自主的に増加することにより、指導要領に則った正規の教育

---

[13] 文部科学省初等中等教育局初等中等教育企画課教育制度改革室「高等学校通信教育に関する調査結果について（概要）【確定値】」（平成29年7月31日）の調査結果によれば、自校通学コースを設ける目的・意義ごとの、「当てはまる」「どちらといえば当てはまる」と答えた学校の割合は、「a 自律的、計画的に学習を進めることに課題がある生徒に対して、日常的な学習支援の充実を図る」が93%、「b 学び直し等により基礎的な知識・技能の定着を図る」が82%、「c 大学入試対策の指導により進路実現を図る」が44%、「d 職業指導の充実を図る」が37%、「e 集団活動や人間関係づくり、コミュニケーションスキル育成等の充実を図る」が79%、「f 生徒指導や教育相談等の充実を図る」が81%、「g 進路指導、キャリア教育の充実を図る」が77%、「h 様々な体験活動の充実を図る」が75%となる。

課程とするものもあれば、面接指導として実施するのではなく、正規の教育課程によらない独自の教育活動等とするものもある。自校で実施する通学コースを設ける通信制高等学校の設置者別の学校数及び割合は、平成 29 年度（2017 年度）の実態調査[14]によれば、公立学校 39 校（公立学校全体の 50.6%）、学校法人立学校 127 校（学校法人立学校全体の 84.1%）、株式会社立学校 14 校（株式会社立学校全体 87.5%）となっており、多くの学校で設けられていることが確認できる。

　生徒同士で学び合い、多様な考え方に触れる機会の少ない通信制高等学校に在籍する生徒にとっては、こうした通学コースを通じて、他者と協働して学ぶ機会を得ることは重要な意味を持つ。もっとも、通学コースにおける活動等が中心的部分として認識されることにより、高等学校通信教育の基幹的な添削指導や面接指導等がゆるみ、その結果、本質である自学自習がおざなりとなるようなことがあってはならない。通学コースを設けたとしても、あくまで補完的な役割を担うに過ぎず、高等学校通信教育は自学自習が中心となることに十分に留意しなければならない[15]。

　他方で、通学日数をできる限り少なくできるよう、合宿等を伴って、特定時期に集中的に面接指導や試験等を行う学校も見受けられる。このようにして行われる面接指導等は「集中スクーリング」と呼ばれる。

　集中スクーリングを実施する目的としては、学校から遠くに住む生徒や、

[14] 文部科学省初等中等教育局初等中等教育企画課教育制度改革室「高等学校通信教育に関する調査結果について（概要）【確定値】」（平成 29 年 7 月 31 日）

[15] 学校教育法では、日常的に学校等に通学する形で学校教育を実施する仕組みとして、全日制・定時制課程を設けているのであるから、そのような形で学校教育を実施するのであれば、その仕組みによらなければならないというべきである。もっとも、学校間連携制度や定通併修制度を活用すれば、通信制高等学校に在籍する生徒であっても、一部の科目を全日制・定時制課程における授業の方法により学ぶことも可能であり、現行制度下でも通信制高等学校に全日制・定時制課程の要素を部分的に取り入れることは認められている。こうした制度を活用して、通信制高等学校に全日制・定時制課程の要素を取り入れた取り組みを行っている事例は、通信制高等学校の質の確保・向上に関する調査研究協力者会議（第 5 回）資料 2「通信制高等学校ヒアリング議事要旨」で複数校紹介されている。

職業上の理由から定期的に時間を確保することが困難な生徒らの便宜を図ることなどが考えられる。また、その実態としては、平成28年度（2016年度）の実態調査[16]によれば、広域通信制高等学校105校のうち79校（75.2%）が集中スクーリングを実施している。このうち、入学から卒業までに必要となる集中スクーリングの総受講日数については、5〜10日が13校（16.5%）、11〜20日が25校（31.6%）、21〜30日が22校（27.8%）、31〜40日が5校（6.3%）、41〜50日が7校（8.9%）、51日以上が6校（7.6%）となっており、通学日数の少なさが際立っている[17]。

ウ．学校運営等に関する実態

　通信制高等学校では、地理的・時間的制約を超えて実施できる通信教育ならではの特性を活かし、本校以外の場であっても、サテライト施設を使用して面接指導や試験等を実施する学校もある。また、近年では、面接指導や試験等を実施する場にとどまらず、多様な背景を持つ生徒の実情に応じて、きめ細かな学習支援を実施する拠点として活用するものも多く、サテライト施設の役割は多様となっている。

　たとえば、「○○スクーリング会場」、「○○学習センター」、「○○キャンパス」などと称して面接指導や試験等を実施する場となる学校や施設のほか、そうした役割を担うにとどまらず、不登校経験等のある生徒の個別支援に力を入れるフリースクール、職業教育を重点にした施設、また、学習塾や予備校を運営する企業による高卒認定試験や大学入学試験の合格のための学習支援に重きを置いた施設まで出現している。

---

[16] 文部科学省初等中等教育局初等中等教育企画課教育制度改革室「広域通信制高校に関する実態調査結果について（概要）【確定値】」（平成28年9月27日）

[17] 高等学校通信教育の本質は自学自習であるから、通学日数の多寡のみをもって、集中スクーリングの是非を一概に判断することはできない。もっとも、その実施に当たっては、教育課程全体を通じて、これからの時代に必要な資質・能力をバランスよく育んでいくことができるよう、十分な通学日数を確保しなければならないというべきである。

　サテライト施設の実態としては、平成 28 年度（2016 年度）の実態調査[18]
では、広域通信制高等学校が 105 校で、サテライト施設は 2,234 施設。その
後、令和元年度（2019 年度）の実態調査[19]では、広域通信制高等学校が 107
校で、サテライト施設は 2,868 施設となっており、およそ 3 年間で 634 施設
も増え、近年の急増ぶりが目立つ。

---

[18]　文部科学省初等中等教育局初等中等教育企画課教育制度改革室「広域通信制
　　　高校に関する実態調査結果について（概要）【確定値】」（平成 28 年 9 月 27 日）
[19]　文部科学省初等中等教育局参事官（高等学校担当）付「広域通信制高等学校
　　　の展開するサテライト施設の一覧」（令和元年 5 月 1 日時点）

2. 令和 3 年改正の概要

(1) 改正の背景

　通信制高等学校は、自らのペースで学ぶことができるという通信教育の特性を最大限に活かし、スタートラインも目指すゴールもそれぞれ異なる、多様な生徒が学びに向かう場となっており、時代の変化・役割に応じながら、高等学校教育の普及と教育の機会均等の理念を実現する大きな役割を果たしている。

　その一方で、近年、違法・不適切な学校運営や指導要領等に基づかない教育活動など、看過しがたいずさんな実態が次々に明らかとなった。その代表的な事案として、ウィッツ青山学園高等学校事件が挙げられる。

　同事件は、平成 27 年（2015 年）12 月、三重県伊賀市に所在する株式会社立学校のウィッツ青山学園高等学校（以下「ウィッツ」という。）の設置会社役員らが、高等学校等就学支援金を不正に受給していた疑いにより、東京地検特捜部の強制捜査を受けたことに端を発する。同校の運営実態の確認が進められる中で、高等学校等就学支援金の不正受給のみならず、その教育活動や学校運営等においても違法・不適切な出来事が露わになった。

　ウィッツは、生徒がサテライト施設である「LETS キャンパス」（以下「LETS」という。）に所属することで入学としており、LETS は、関東周辺から沖縄まで、全国約 40 箇所に設置され、平成 28 年（2016 年）3 月時点で、1000 名を超える生徒が在籍していた。LETS の運営については、ウィッツとフランチャイズ契約を締結した運営者が行っていたとされる。

　こうした運営体制の下で、ウィッツの生徒は、LETS に通いながら、ウィッツ指定の教科書やインターネット・DVD 教材等のメディア指導を受けた上で、添削課題の提出、面接指導及び試験を受けることとなっていた。もっとも、卒業までの教育活動のほぼ全ては LETS に委ねられ、ウィッツは生徒の学習状況を正確に把握できていなかったことが明らかとなった。さらに、LETS では教員免許の失効した者により一部の教育活動がなされていたとさ

れる。

　また、面接指導において、生徒が遊園地でお土産を購入した際のお釣りの
計算を「数学」の単位として認定、同遊園地における散策を「総合学習」の
単位として認定、同遊園地への移動のバスの車内での映画鑑賞を「国語」な
いし「英語」の単位として認定、パーキングエリアでの昼食を「家庭科」の
単位として認定するなどのほか、兵庫県神戸市における夜景の鑑賞を「芸
術」の単位として認定し、サテライト施設までの徒歩での通学や、博物館に
おける手裏剣投げ体験を「体育」の単位として認定するなど、指導要領に沿
わない不適切な単位認定が行われていたとされる。

　文部科学省では、こうした事案を受けて、平成 27 年（2015 年）12 月 24 日、
「広域通信制高校の教育運営改善緊急タスクフォース」が設置され、広域通
信制高等学校における教育の質の確保・向上方策、学校運営の実態把握や適
正化及び指導監督体制の改善方策等について検討が進められた。そして、こ
こでの検討結果は、平成 28 年（2016 年）3 月 30 日、「広域通信制高校に関す
る集中改革プログラム」として取りまとめられた。

　その後、同プログラムに基づき、文部科学省初等中等教育局の下に「広域
通信制高等学校の質の確保・向上に関する調査研究協力者会議」が設置され、
有識者の協力を得ながら、諸般の取り組みが実施されてきた。具体的には、
平成 28 年 9 月 30 日、各通信制高等学校や所轄庁が参照すべき指針として
「高等学校通信教育の質の確保・向上のためのガイドライン」が策定され
た[20]。さらに、ガイドラインに基づき、文部科学省と所轄庁とが協力しな

[20]　文部科学省初等中等教育局長「高等学校通信教育の質の確保・向上のための
　　ガイドラインの策定について（通知）」（平成 28 年 9 月 30 日・28 文科初第 913
　　号）では、「特に、ウィッツ青山学園高等学校に係る事案については、学校教育
　　法や高等学校学習指導要領に照らして著しく不適切な指導が行われていたことが
　　年度末に近接した時期に明らかになったこと、違法・不適切な学校の管理運営に
　　起因する問題によって生徒に著しい不利益を負わせることは適当ではないことを
　　踏まえ、生徒に対する緊急的かつ特例的な救済策として、所轄庁の監督の下で、
　　改めて高等学校学習指導要領に基づく面接指導を行う措置を講ずるという極めて
　　異例な事態となりました。今後、設置又は所轄する通信制高等学校において、こ

がら、広域通信制高等学校に対する実地での点検調査（以下単に「点検調査」という。）[21]が実施され、調査対象校において学校運営や教育指導上の課題がある場合には、直接の指導助言により個別の改善が促された。

こうした取り組みの結果、ガイドラインを参照しながら改めて自らの学校運営や教育活動等を振り返ったり、外部の専門家を中心とした評価者による第三者評価の活用を図ったりするなど、学校運営や教育活動等の改善に向けた取り組みが徐々に浸透してきた。

しかしながら、一部の通信制高等学校においては、依然として、関係法令等に関して本来の趣旨を逸脱した独自の解釈を行っていたり、法令遵守を徹底するという意識や公教育としての高等学校教育を担っている責任の自覚が不十分であったりすることにより、未だに不適切な学校運営や教育活動等が行われていた。中には、不適切な教育実態が報道で明らかにされたり、不適切な教育環境に起因して学校と生徒との間で訴訟に発展したりするものもあった。

具体的に、点検調査で確認された課題としては、以下のような事例が挙げられる[22]。

《教育課程の編成・実施、指導体制等に関する課題（点検調査で確認された事例)》

・年間指導計画において添削指導の提出期限の定めがないため、試験前にまとめて添削指導が実施されている事例
・添削指導の進捗状況が不十分であったり、面接指導を全く受けていない状態で期末試験を受けさせていたりする事例

のような事態が生じないよう、指導監督に万全を期すことが必要です。」とされ、高等学校通信教育の質保証の必要性が強調されている。

[21] 点検調査とは、所轄庁の職員、文部科学省の職員、及び高等学校通信教育に関し専門的な知識・経験を有する者や会計の専門家等として文部科学省から委嘱された「広域通信制高校アドバイザー」らにより、個別の広域通信制高等学校及びそのサテライト施設に対して行われる実地調査のことをいう。令和3年（2021年）4月1日時点では、累計36校に対して実施されている。
[22] 協力者会議審議まとめ7-8頁参照。

・野外活動と称して自然散策により「生物基礎」や「化学基礎」等の面
　接指導を受けたこととし、高等学校学習指導要領に定められた目標と
　内容を踏まえた高等学校教育としての水準の確保が疑わしい事例
・特別活動を年間指導計画等に位置付けておらず、高等学校学習指導要
　領に定める時間数の指導がなされていなかった事例
・生徒が独自に行ったアルバイトについて、その目的・内容にかかわら
　ず特別活動の時間としてカウントすることとされていた事例
・面接指導と試験とはその役割が異なるにもかかわらず、試験の実施を
　面接指導の時間数としてカウントすることとされていた事例
・多様なメディアを利用して行う学習の成果物に対する学習評価につい
　て、「合格」「再提出」のみとなっていた事例
・100 人を超える生徒に対し、教師が 1 名で面接指導を実施する事例
・4 泊 5 日の集中スクーリングにおいて、8 時 10 分から 1 限目がはじま
　り、21 時 30 分に 13 限目が終わるという、1 日に 50 分の面接指導を
　13 コマも実施することとしている事例
・6 月に 4 泊 5 日の集中スクーリングを実施し、年間の添削指導が全て
　終えていないにもかかわらず、年間の面接指導及び試験を全て行うこ
　ととしている事例

《サテライト施設での施設・設備、連携協力体制、学校運営改善等に関する
　課題（点検調査で確認された事例）》

・サテライト施設での面接指導において、施設・設備面での制約等から
　理科や家庭等の教科における実験・実習が十分に行われていないおそ
　れがある事例
・サテライト施設において、実験・実習や体育の面接指導を行うための
　施設・設備が不十分である事例
・法令上義務付けられている自己評価の実施及び公表がなされていない
　事例
・サテライト施設に所属する生徒への面接指導を当該サテライト施設任

　せとしている事例

・サテライト施設において、担当教科・科目の教師によらない指導又は
　学習支援の時間を、当該教科・科目の面接指導の時間数としてカウン
　トする事例

　こうした点検調査で確認される事例のほかにも、令和元年度には、サテラ
イト施設において、学期が始まって2か月以上も教科書や添削課題等が生徒
に配られておらず、添削指導の計画的な実施に支障が生じていた事例、令和
2年度には、サテライト施設において、野菜を周辺の店舗に配ったり、生徒
同士で将棋を指したりすることで単位認定をしたとする疑いのある事例等が
報道された。

(2) 改正の経緯及び概要

ア. 改正の経緯

　平成31年（2019年）4月17日、Society5.0時代の到来を見据え、新しい
時代の初等中等教育の在り方について、中央教育審議会に諮問（31文科初第
49号）が行われた。諮問事項としては、「1. 新時代に対応した義務教育の在
り方」「2. 新時代に対応した高等学校教育の在り方」「3. 増加する外国人児
童生徒等への教育の在り方」「4. これからの時代に応じた教師の在り方や教
育環境の整備等」の大きく4点があった。とりわけ高等学校教育に関しては、
普通科改革などの各学科の在り方、地域社会や高等教育機関との協働による
教育の在り方等のほか、時代の変化・役割の変化に応じた定時制・通信制課
程の在り方が審議に付された。

　上記の諮問事項のうち、新時代に対応した高等学校教育の在り方に関する
事項は、中央教育審議会の下に設置された「新しい時代の高等学校教育の在
り方ワーキンググループ」（以下「高校WG」という。）で検討された。さらに、
通信制課程の在り方に関する事項は、文部科学省初等中等教育局の下に設置
された「通信制高等学校の質の確保・向上に関する調査研究協力者会議」
（以下「協力者会議」という。）でも検討された。これらの会議については、高

校 WG が高等学校教育全般を見渡した大局的な見地からの検討を、協力者
会議が専門的・実務的な観点から高等学校通信教育に特化した検討を、それ
ぞれ並行して行い、適時に互いの検討状況を共有しあいながら、全体として
の検討が進められてきた。

　この結果、令和2年（2020年）11月13日には、高校 WG で「新しい時代
の高等学校教育の在り方ワーキンググループ（審議まとめ）〜多様な生徒が社
会とつながり、学ぶ意欲が育まれる魅力ある高等学校教育の実現に向けて〜」
（令和2年11月13日新しい時代の高等学校教育の在り方ワーキンググループ）が
取りまとめられ、また、令和3年（2021年）2月25日には、協力者会議で「通
信制高等学校の質の確保・向上に関する調査研究協力者会議（審議まとめ）」
（令和3年2月25日通信制高等学校の質の確保・向上に関する調査研究協力者会議）
が取りまとめられた。さらに、こうした検討のエッセンスは、中央教育審議
会総会を経た上で、「『令和の日本型学校教育』の構築を目指して〜全ての子
供たちの可能性を引き出す、個別最適な学びと、協働的な学びの実現〜」（令
和3年1月26日中央教育審議会答申）にも活かされた。

　これらの審議まとめ等を踏まえ、高等学校通信教育規程の改正等を内容と
する「学校教育法施行規則等の一部を改正する省令」（令和3年文部科学省令
第14号）、及び「高等学校学習指導要領の一部を改正する告示」（令和3年文
部科学省告示第61号）が、それぞれ令和3年（2021年）3月31日に公布され
た。これらの令和3年改正は、一部の例外を除き、令和4年（2022年）4月
1日から施行される。

イ．改正の概要

　中教審答申等においては、通信制高等学校で学ぶ全ての生徒が適切な教育
環境の下で存分に学ぶことができるよう、高等学校通信教育の質保証を図る
ための対応方策が提言された[23]。これを受けて、令和3年改正において、

---

[23] 中教審答申 55-56 頁、高校 WG 審議まとめ 53-59 頁、協力者会議審議まとめ
　　7-17 頁参照。

通信教育規程、指導要領及びガイドライン等の改正が行われた。

　本書では、提言及び改正の概要について、「(ア) 教育課程の編成・実施関係」「(イ) サテライト施設の設置関係」「(ウ) 学校運営改善の推進関係」の3つの観点に整理して、以下にそれぞれ要点を絞って概説する[24]。

(ア) 教育課程の編成・実施関係

①通信教育実施計画の作成・明示等

　高等学校通信教育は、生徒の多様な実態を踏まえつつ、添削指導・面接指導・試験等の教育方法を相互に関連付けながら、それぞれの役割が的確に発揮されるよう、計画的かつ体系的に実施することが期待される。しかしながら、近年発覚した通信制高等学校の不適切事例のように、指導要領等に基づかない教育活動がなし崩し的に実施されてしまう実態が見受けられる。

　中央教育審議会等では、こうした実態に鑑み、高等学校通信教育の計画的かつ体系的な実施を確実にし、教育課程の編成・実施の適正化を図る観点から、添削指導及び面接指導の年間計画やそれらの実施内容、メディア指導の実施方法や報告課題の作成方法等の基本的な実施計画、試験の日程、学習成果の評価方法や評価基準等を記載した体系的な計画として、「通信教育実施計画」を策定し、生徒や保護者に対して明示することが適当であるとされた[25]。

　令和 3 年改正では、これらを踏まえ、通信教育規程第 4 条の 3 が新設され、通信制高等学校の校長は、「通信教育実施計画」を作成・明示することが定められた。そして、「通信教育実施計画」には、高等学校通信教育を実施する科目等ごとに、①その名称及び目標に関すること、②その教育方法及び内容、並びに一年間の高等学校通信教育の計画に関すること、③その学習評価

---

[24] 本書では、中教審答申等に関して、令和 3 年改正の解説を目的とする観点からその要点の紹介にとどめることとしており、必ずしもその全てを網羅的に紹介するものではないことに留意いただきたい。

[25] 中教審答申 56 頁、高校 WG 審議まとめ 54 頁、協力者会議審議まとめ 9 頁参照。

及び単位認定の基準に関すること、を記載するとしている。

②同時に面接指導を受ける生徒数

　面接指導の意義及び役割は、個別指導を重視して一人一人の生徒の実態を十分把握し、自宅学習に必要な基礎的・基本的な学習知識を指導したり、添削指導を通して明らかとなった個々の生徒の持つ学習上の課題に十分考慮し、その後の自宅学習への示唆を与えたりすることや、集団の中で共同学習をする場を提供して、生徒の人間形成を図ることなどにあるものと解される。

　こうした面接指導の意義及び役割は、令和の時代においても決して色あせるものではないどころか、予測困難な時代を生き抜くために必要な資質・能力を育むために、その重要性はより一層高まっているといえる。また、近年では、通信制高等学校には、勤労青年等のみならず、中学校卒業後まもなく、就職等による社会的経験を有していない生徒も多く在籍し、生徒の年齢層の若年化が進行しているとともに、個々の生徒が抱える課題は多様化・複雑化しており、個に応じた指導の充実がより一層求められている。

　中央教育審議会等では、こうした状況に鑑み、個々の生徒に応じたきめ細かな指導が行えるよう、面接指導は少人数で行うことを基幹とすることが適当であるとされた[26]。

　令和 3 年改正では、これらを踏まえ、通信教育規程第 4 条の 2 が新設され、同時に面接指導を受ける生徒数について、少人数とすることを基本としつつ、40 人を超えてはならないことが定められた。

③関係法令の趣旨明確化

　中央教育審議会等では、点検調査で確認された事例等を踏まえ、関係法令等の独自の解釈による恣意的な運用を防ぐ観点から、以下に掲げる事項をはじめとして、関係法令等の解釈を明確化することが提言された[27]。

---

[26] 中教審答申 56 頁、高校 WG 審議まとめ 54-55 頁、協力者会議審議まとめ 10 頁参照。

[27] 中教審答申 56 頁、高校 WG 審議まとめ 55 頁、協力者会議審議まとめ 10-11 頁参照。

- メディア指導により面接指導等の時間数を免除する場合には、本来行われるべき学習の量と質を低下させることがないよう、免除する時間数に応じて報告課題の作成等を求めるなど、高等学校教育として必要とされる学習の量と質を十分に確保する方策を講じること。その際、通信制課程に在籍する生徒の多様な状況に留意しつつ、観点別学習状況の評価が可能となるよう報告課題の作成等を求めること。
- 試験は、添削指導及び面接指導の内容と十分関連付けて行うよう配慮した上で、添削指導や面接指導における学習成果の評価とあいまって、単位を認定するために個々の生徒の学習状況等を測る手段であることから、試験に要する時間及びその時期を適切に定めること。たとえば、1科目20分で実施することや、学期末以外の時期に行われる集中スクーリングにおいて試験を実施することなどは適切ではないこと。

　令和3年改正では、これらを踏まえ、指導要領の一部を改正し、メディア指導により面接指導等の時間数を免除する場合には、多面的・多角的な評価を行うなど学習評価の充実を図ること（指導要領第1章総則第2款5(5)）、試験は、添削指導及び面接指導との関連を図り、その内容及び時期を適切に定めなければならないこと（指導要領第1章総則第2款5(6)）、が定められた。

（イ）サテライト施設の設置関係

　通信制高等学校では、地理的・時間的制約を超えて実施できる通信教育ならではの特性を活かし、本校以外にもサテライト施設を使用して面接指導や試験等を実施する学校もある。また、近年では、面接指導や試験等を実施する場にとどまらず、多様な背景を持つ生徒の実情に応じて、きめ細かな学習支援を実施する拠点として活用するものも増え、サテライト施設が担う役割も多種多様になっている。

　サテライト施設は、その性質に応じて、以下のとおり分類できる。

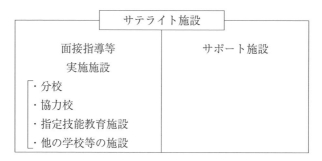

・面接指導等実施施設：面接指導や試験等の実施に連携協力する学校又は施設

・分校：通信制高等学校の一部として本校の所在地以外の場所に分設される学校

・協力校：面接指導や試験等の実施に連携協力する高等学校（改正前・通信教育規程第 3 条）

・技能教育施設：技能教育のための施設として所在する都道府県の教育委員会の指定を受けた施設（法第 55 条）

・他の学校等の施設：大学、短期大学、専修学校等の他の学校等の施設

・サポート施設：面接指導や試験等を実施する場としては使用しないものの、通信制高等学校に在籍する生徒に対して学習面や生活面での支援等を行うものとして通信制高等学校の設置者が提携を認める施設

　サテライト施設は、生徒の通学負担を軽減したり、きめ細かな教育の一助となったりするなどの役割を果たしている。一方で、その教育環境は各施設で大きく異なり、一部の通信制高等学校においては、サテライト施設での施設・設備や連携協力体制等に課題が見受けられる[28]。

---

[28]「第 1 章 2(1) 問題の所在」に記載したもののほか、中央教育審議会等の議論では、例えばマンションの一室のような場所を活用して面接指導を実施する事例など、高等学校教育を実施するにふさわしい教育環境があるとは言い難いサテライト施設も一部に存在するとの指摘がある。高校 WG 審議まとめ 53-54 頁参照。

　中央教育審議会等では、こうした実態に鑑み、高等学校通信教育をいずれの施設で受けるかにかかわらず、その実施にふさわしい教育環境下で存分に受けることができるよう、通信制高等学校の責任として、各サテライト施設の教育水準の確保を図ることが適当であるとされた。とりわけ、面接指導等実施施設は、高等学校通信教育における基幹的な部分である面接指導等を実施する場になるとともに、生徒からすれば、本校に登校せずとも、面接指導等実施施設を主たる活動拠点として卒業することも可能であり、本校に代替し得るものといえること等を踏まえ、通学制高等学校の本校と同等の教育環境が整備されるべきものであるとされた[29]。

　令和3年改正では、これらを踏まえ、通信教育規程第3条が改正され、サテライト施設を意味する法令上の概念として「通信教育連携協力施設」との用語が新たに設けられ、その法的な位置付けが明確化されるとともに、通信教育連携協力施設を規律するための各種規定が定められている。具体的には、通信制高等学校の設置者は、自らが連携協力する個々の通信教育連携協力施設について、その教育水準を確保する観点から、通信教育連携協力施設が備えるべき編制、施設及び設備の基準に適合することを確認すること（通信教育規程第10条の2）、通信制高等学校の学則には、通信教育連携協力施設ごとの名称・位置・定員等の事項を定めること（通信教育規程第4条の2及び施行規則第4条第2項第2号）、などが定められている。

（ウ）学校運営改善の推進関係

　学校の裁量が拡大し、自主性・自律性が高まる中では、より良い教育の実現に向けて、教育活動等の成果を検証して、必要な支援・改善を進めることにより、持続的な学校運営改善を図ることがより求められている。また、学校が保護者や地域住民からの信頼に応え、家庭や地域等と連携協力して生徒の健やかな成長を図っていくことができるよう、学校においては、教育活動

---

[29] 中教審答申56頁、高校WG審議まとめ56-57頁、協力者会議審議まとめ11-13頁参照。

や学校運営等の状況について、保護者や地域住民等に対し積極的に情報を提供し、その説明責任を果たしていくことが期待されている。

　学校教育法では、こうした観点から、学校自らが、教育活動や学校運営等について評価を行い、その結果に基づき、課題等を把握し、組織的・継続的に学校運営改善を図ること（学校評価）で、その教育水準の向上に努めるとしている（法第42条）。同時に、保護者や地域住民等の学校への理解を深め、家庭や地域等との連携協力を推進するため、教育活動や学校運営等の状況に関する情報を積極的に提供すること（情報提供）を定めている（法第43条）。

　近年、通信制高等学校では、通信教育を取り巻く制度の自由度（柔軟性）の高さを背景に、たとえば、オンライン授業を組み込んだメディア指導や、合宿等を伴って特定時期に集中的に行う面接指導（集中スクーリング）が実施されるなど、その教育方法は多様化しており、通信制課程との括りだけでは想像できないほどに、それぞれの学校によって教育実態が大きく異なっている。さらには、本校以外にも多種多様なサテライト施設が設けられ、サテライト施設ごとに教育活動や運営状況等も異なっている。このため、通信制高等学校の学校評価及び情報提供について、通信制課程固有の特性を踏まえた運用がなされるよう、以下の改正が行われた。

①学校評価の趣旨明確化

　中央教育審議会等では、通信制高等学校で学ぶ全ての生徒が、いずれの施設でその教育を受けるかにかかわらず、その教育を受けるにふさわしい教育環境下で存分に学ぶことができるよう、サテライト施設における教育活動も、通信制高等学校の責任下において、教育水準の確保を図ることが適当であるとされた[30]。

　令和3年改正では、これらを踏まえ、通信教育規程第13条が新設され、通信制高等学校は、サテライト施設ごとの活動状況について、自己評価の実施・公表を行い、学校関係者評価の実施・公表に努めるものとすることが明確化された。さらに、これらの評価の結果に基づき、サテライト施設ごとの

---

[30] 高校WG審議まとめ56-59頁、協力者会議審議まとめ12・14-17頁参照。

活動状況に関する組織的・継続的な改善を図ることができるよう、必要な措置を講ずるものとすることが定められている。

②情報公表の趣旨明確化

中央教育審議会等では、公的な教育機関として社会への説明責任を果たし、外部から適切な評価を受けながら教育水準の向上を図る観点から、教育課程や通信教育実施計画に関すること、教師数や教師一人当たり生徒数に関すること、在籍者数・入学者数・卒業生の進路状況及び中途退学者等に関すること、施設及び設備その他の教育環境に関すること、学習相談や教育相談等の体制に関することなど、通信制高等学校の教育活動の基本的な状況について、情報の公開を求めることが適当であるとされた[31]。

令和 3 年改正では、これらを踏まえ、通信教育規程第 14 条が新設され、通信制高等学校は、サテライト施設ごとの活動状況を含め、以下①から⑨までに掲げる教育活動等の基本的な状況についての情報を公表することが明確化された。

①学科の組織、学科・通信教育連携協力施設ごとの定員に関すること
②通信教育を行う区域に関すること
③通信教育連携協力施設ごとの名称・位置に関すること
④教員・職員の数その他教職員組織に関すること
⑤入学、退学、転学、休学及び卒業に関すること（入学者数、在籍生徒数、退学・転学者数、卒業者数、卒業後の進路状況を含む。）
⑥通信教育実施計画に関すること
⑦校地、校舎等の施設・設備その他の生徒の教育環境に関すること
⑧授業料、入学料その他の費用徴収に関すること
⑨生徒の学習活動、進路選択及び心身の健康等に係る支援に関すること

---

[31] 中教審答申 56 頁、高校 WG 審議まとめ 57-59 頁、協力者会議審議まとめ 14-17 頁参照。

第 2 章　逐条解説

1. 高等学校通信教育規程の一部改正

(1) 通信教育規程第3条（通信教育連携協力施設）

（通信教育連携協力施設）

第三条 通信制の課程を置く高等学校（以下「実施校」という。）の設置者は、通信教育連携協力施設（当該実施校の行う通信教育について連携協力を行う次に掲げる施設をいう。以下同じ。）を設けることができる。この場合において、当該通信教育連携協力施設が他の設置者が設置するものであるときは、実施校の設置者は、当該通信教育連携協力施設の設置者の同意を得なければならない。

一 面接指導又は試験等の実施について連携協力を行う施設（以下「面接指導等実施施設」という。）

二 生徒の進路選択及び心身の健康等に係る相談、添削指導に附帯する事務の実施その他の学習活動等の支援について連携協力を行う施設であつて、面接指導等実施施設以外のもの（第十条の二第二項において「学習等支援施設」という。）

2 面接指導等実施施設は、実施校の分校又は協力校であることを基本とする。ただし、特別の事情があり、かつ、教育上支障がない場合は、大学、専修学校、指定技能教育施設（学校教育法第五十五条の規定による指定を受けた技能教育のための施設をいう。）その他の学校又は施設を面接指導等実施施設とすることができる。

3 前項に規定する協力校とは、実施校の行う通信教育について連携協力を行うものとしてその設置者が定めた高等学校（中等教育学校の後期課程を含む。）をいう。

4 通信教育連携協力施設は、実施校の設置者の定めるところにより実施校の行う通信教育に連携協力を行うものとする。

（※）条文欄の下線部分は令和3年改正による改正部分を示す。以下本章において同じ。

ア．改正の概要

　改正前の通信教育規程第3条は、以下のとおり、通信制課程を置く高等学校（以下この章において「実施校」という。）の設置者が、当該実施校の行う高等学校通信教育（以下この章において「通信教育」という。）について協力する高等学校（＝協力校）を設けることができると定めていた。

◆改正前・通信教育規程第3条
　（協力校）
　第三条　通信制の課程を置く高等学校（以下「実施校」という。）の設置者は、当該実施校の行なう通信教育について協力する高等学校（中等教育学校の後期課程を含む。以下「協力校」という。）を設けることができる。この場合において、当該協力校が他の設置者が設置する高等学校（中等教育学校の後期課程を含む。以下この項において同じ。）であるときは、実施校の設置者は、当該高等学校の設置者の同意を得なければならない。
　2　協力校は、実施校の設置者の定めるところにより実施校の行なう面接指導及び試験等に協力するものとする。

　令和3年改正では、実施校の行う通信教育について連携協力する学校又は施設について、協力校以外にも様々ある実態に鑑み、こうした本校以外に設けられる学校又は施設（いわゆるサテライト施設）のことを「通信教育連携協力施設」と新たに定義付け、実施校の設置者がこれを設けることができることを明確化している（本条第1項柱書前段）。

　また、通信教育連携協力施設については、①面接指導又は試験等の実施について連携協力を行う施設（＝面接指導等実施施設）、②生徒の進路選択及び心身の健康等に係る相談、添削指導に附帯する事務の実施その他の学習活動等の支援について連携協力を行う施設であって、面接指導等実施施設以外のもの（＝学習等支援施設）、といった2種類から構成されることが定められている（本条第1項各号）。

　このうち、面接指導等実施施設については、実施校の分校又は協力校であることを基本としなければならない（本条第2項本文）。ただし、特別の事情があり、かつ、教育上支障がない場合には、大学、専修学校、指定技能教育

施設その他の学校又は施設を面接指導等実施施設とすることができる（本条第2項ただし書）。

　なお、通信教育連携協力施設が備えるべき編制、施設及び設備の基準については、別途、通信教育規程第10条の2第1項及び第2項に定められており、これに適合することが確認されなければならない点に留意する必要がある（▶▶「第2章1(5) 通信教育規程第10条の2（通信教育連携協力施設の編制、施設及び設備）」参照）。

イ．改正の背景

（ア）サテライト施設の設置実態

　学校教育は、その本校で行うことが原則である。通信教育もれっきとした学校教育であるから、全日制・定時制課程と同様に、通信制課程にもその原則は当てはまる。もっとも、通信制課程では、通信教育の特性のために、本校から遠距離に住所を有する生徒も多く在籍しており、こうした生徒の便宜を図る観点から、本校以外の場であっても、他の高等学校（＝協力校）を使用して、面接指導等を実施できるとされている（改正前・通信教育規程第3条第1項）。また、特別の事情があり、かつ、教育上及び安全上支障がない場合には、協力校以外であっても、大学、短期大学、専修学校など、他の学校等の施設を使用することが認められている（改正前・通信教育規程第11条）。

　これを踏まえ、通信制高等学校では、通信教育の特性を活かしながら、本校以外にも、分校、協力校、指定技能教育施設、大学・短期大学・専修学校、サポート施設等の学校又は施設を設けて、生徒の実情に応じた教育を実施してきた。こうした本校以外に設けられる学校又は施設は「サテライト施設」と呼ばれる。

　サテライト施設は、生徒の通学可能区域に本校がない場合において、本校に代わって面接指導や試験等を実施する場となり、通信教育の実施を通じた、高等学校教育の普及と教育の機会均等の理念を実現する上で大きな役割を果たしている。近年では、こうした役割のほか、多様な背景を持つ生徒の実情に応じて、きめ細かな学習支援を実施するための拠点としての機能を有する

ものも多く現れてきており、実に多種多様な様相を呈している。たとえば、「○○スクーリング会場」、「○○学習センター」、「○○キャンパス」などと称して面接指導や試験等を実施する場となる学校や施設のほか、そうした役割を担うにとどまらず、不登校経験等のある生徒の個別支援に力を入れるフリースクール、職業教育を重点にした施設、また、学習塾や予備校を運営する企業による高卒認定試験や大学入学試験の合格のための学習支援に重きを置いた施設まで出現している。

　サテライト施設の実態については、広域通信制高等学校を対象にした文部科学省の調査から、その一端を垣間見ることができる。平成28年度（2016年度）の実態調査[32]では、サテライト施設は2,234施設あり、その内訳は、自校の施設[33]が575施設、協力校が215校、指定技能教育施設が210施設、サポート施設[34]が1,234施設であった。その後、令和元年度（2019年度）の実態調査[35]では、サテライト施設は2,868施設あり、その内訳は、自校の施設が917施設、協力校が212校、指定技能教育施設が207施設、サポート施設が1,532施設であった。少子化傾向の時代の中で学校数全体が縮小しているにもかかわらず、サテライト施設は、広域通信制高等学校が設置するものに限って見たとしても、上記調査結果のとおり、およそ3年間で634施設も増えており、近年の急増ぶりがうかがえる。

---

[32] 文部科学省初等中等教育局初等中等教育企画課教育制度改革室「広域通信制高校に関する実態調査結果について（概要）【確定値】」（平成28年9月27日）

[33] 「自校の施設」とは、広域通信制高等学校が自校の施設として設置している面接指導・添削指導・試験のための施設（自己所有、借用のいずれかを問わず、他の学校等の校舎施設の一部を借用して自校の教室としているもの等も含む。）のことと定義される。広域通信制高等学校の設置者が設ける学校又は施設でなくても、他の設置者が設ける大学・短期大学・専修学校等の一部を借用する場合も含まれる点に注意を要する。

[34] 「サポート施設」とは、自校の施設、協力校、指定技能教育施設の3つ以外の施設であって、実施校に在籍する生徒に対して学習面や生活面での支援等を行うものとして、実施校又はその設置者が認めているものと定義される。

[35] 文部科学省初等中等教育局参事官（高等学校担当）付「広域通信制高等学校の展開するサテライト施設の一覧」（令和元年5月1日時点）

　一方で、その教育環境に関しては、高等学校教育を担うにふさわしい水準を満たさない施設の存在が一部に指摘されており、学校教育としての質保証を疑問視する声が挙げられていた。たとえば、ウィッツ青山学園高等学校事件（▶▶「第1章1(1) 問題の所在」参照）では、サテライト施設においてほぼ全ての教育活動が行われるも、本校で把握・管理することができていなかった。その結果、サテライト施設において、指導要領に基づく年間指導計画等が作成されないままに、指導要領が示す各教科・科目の目標・内容等に照らして著しく不適切な活動が行われたり、教員免許の失効した者により面接指導を実施されたりするなどの違法・不適切な実態が明らかとなった。また、同校に関する件の他にも、中央教育審議会等の議論[36]では、マンションの一室のような場所を活用して面接指導を実施する事例など、高等学校教育を実施するにふさわしい教育環境があるとは言い難い施設も一部に存在することが指摘されている。

　文部科学省は、サテライト施設の教育水準の確保に向けて、平成28年9月には、「高等学校通信教育の質の確保・向上のためのガイドライン」[37]を策定し、実施校とサテライト施設との適切な連携協力関係の確保等に関する事項を含めた留意すべき点を明示した。さらには、所轄庁と協力しながら、広域通信制高等学校に対する実地での点検調査を実施し、調査対象校が設けるサテライト施設に対しても、直接の指導助言により個別の改善を促してきた。このほか、平成30年3月には、所轄庁の指導監督機能の強化に向けて「高等学校通信教育の質の確保・向上のための指導監督マニュアル」[38]を策定・周知するなど、各種施策を講じてきた。

---

[36] 高校WG審議まとめ53-54頁参照。

[37] 文部科学省初等中等教育局長「高等学校通信教育の質の確保・向上のためのガイドラインの策定について（通知）」（平成28年9月30日・28文科初第913号）別添参照。

[38] 文部科学省初等中等教育局初等中等教育企画課教育制度改革室「『高等学校通信教育の質の確保・向上のための指導監督マニュアル』の送付について」（平成30年3月28日・事務連絡）別添参照。

こうした取り組みの結果、各学校では、ガイドラインを参照しながら、改めて自らの活動状況を振り返ったり、外部の専門家を中心とした評価者による第三者評価の活用を図ったりするなど、学校運営や教育活動等の改善に向けた取り組みが徐々に浸透してきた。

しかしながら、こうした改善に向けた努力を惜しまない学校とは対照的に、その後の点検調査や報道等においては、依然として不適切な学校運営や教育活動等を行う学校も少なからず見受けられた。こうした状況は、個別の学校に対する信頼にとどまらず、通信制高等学校全般に対する社会の信頼を揺るがしかねないものとなっており、早急に通信教育の質保証を徹底することが求められた。

令和3年改正では、これらを踏まえ、サテライト施設の教育水準を確保する観点から、サテライト施設を意味する法令上の概念として「通信教育連携協力施設」との用語を新たに設け、その法的な位置付けを明確化する（通信教育規程第3条）とともに、サテライト施設を規律するための各種規定を定めている。

（イ）サテライト施設の法的位置付けの変遷

通信教育は、昭和23年の開設当初から実施科目数の拡大が図られ、昭和30年（1955年）4月1日の文部事務次官通達により、昭和30年度から通信教育のみで高等学校の卒業が可能となった。さらに、同通達で、実施校の本校から遠距離に住所を有する生徒の面接指導等の便宜をはかるため、他の高等学校（特に必要がある場合は小・中学校）を協力校とすることを認めた。

◆文部事務次官通達「高等学校通信教育の実施科目の拡充ならびに同通信教育による卒業について」（昭和30年4月1日・文初中第162号）別記「実施要領」（抄）
四、協力校および連絡指導者の設定について
通信教育による学習の効果をあげるために、必要な地区の高等学校などに実施校の協力校を置き、生徒の学習に必要な施設・教具・教材などの利

用ができるようにするとともに、必要な指導をして指導の徹底をはかる措置を講ずること。すでにこれらの措置が講じられた都道府県においては、実施校と協力して着々その実績をあげているが、まだ多くの都道府県においては、これらの措置がとられていない実情である。

なお、協力校の設定については、次のような点が留意されるべきである。

1　協力校は、高等学校の本校または分校であること。特に必要がある場合は、小・中学校を協力校とすることができる。

2　協力校には、できるかぎり、教育委員会が指定した連絡指導者を置くこと。

3　連絡指導者は、高等学校の教員の免許状を有する者で、実施校に協力して必要に応じては地区の生徒の面接指導その他の指導に当るが、原則として添削指導には当らないこと。

4　職業科目など実施校に適切な教員がいない場合、職業に関する課程などを置く他の高等学校を協力校として、その教職員を委嘱してそれらの科目の添削指導を行わせる必要が起る場合があろう。

このような場合これらの教職員は、実施校の教職員との連絡を密接にして、添削指導を行うこととなる。

昭和36年（1961年）には、学校教育法の改正により、通信制課程が全日制・定時制課程と並んで法令上に位置付けられ、昭和37年（1962年）には、学校教育法の改正を踏まえて、高等学校通信教育規程の全部改正が行われた。そこでは、上述の協力校の概念を踏襲し、本校以外に設けられる学校又は施設として、実施校の行う通信教育に協力する高等学校（＝協力校）が定められている（制度化当初・通信教育規程第3条第1項）。

◆制度化当初（昭和37年9月1日施行時点）・通信教育規程第3条
（協力校）
第三条　通信制の課程を置く高等学校（以下「実施校」という。）の設置者は、当該実施校の行なう通信教育について協力する高等学校（以下「協力校」という。）を設けることができる。この場合において、当該協力校が他の設置者が設置する高等学校であるときは、実施校の設置者は、当該高等学校

　の設置者の同意を得なければならない。
2　協力校は、実施校の設置者の定めるところにより実施校の行なう面接指
　導及び試験等に協力するものとする。

　上記規定によれば、協力校として通信教育に協力し得るのは「高等学校」
のみであり、それ以外の学校又は施設は協力校になり得ず、面接指導や試験
等の協力を行うことはできないかのように思われる。しかしながら、当時の
文部省初等中等教育局高等学校教育課の解釈によれば、公民館等の教育上適
当な場所において、やむを得ずに面接指導を行うことができる余地も残され
ていた[39]と考えられる。とはいえ、高等学校としての認可を受けていない
施設で恒常的に面接指導や試験等が行われることは、生徒の教育環境を保障
する観点からは必ずしも適切とはいえないため、抑制的に考えられてきた。
　このような実施校又は協力校を中心とする制度的枠組みは、その後、平成
18 年（2006 年）の通信教育規程改正がなされるまで、大きな改正が加えら
れることなく運用が続けられてきた。一方で、その間には、生徒の能力、適
性、興味・関心、進路希望等が多様化する中で、通信制高等学校は、制度化
当初に想定されていた勤労青年等のみならず、多様な入学動機や学習歴を持
つ生徒に対して教育機会を提供するものとなり、時代の変化とともに、その
役割にも変化が生じていた。そして、このような変化に伴い、多様な背景を
有する生徒一人一人の実情に応じてきめ細かく対応できるよう、協力校に限
らない多種多様なサテライト施設を設置するニーズが急速に高まっていた。
　平成 18 年には、学校教育分野における規制緩和が推し進められる中で、

[39] 文部省「定通教育必携」277・278 頁では、「問 13　本校、協力校以外での面
　接指導は認められるか。」といった問いに、「昭和 31 年の高等学校通信教育規程
　では、面接指導は実施校その他『適当な場所』において行なうものとしていたが、
　昭和 37 年の同規程の改正により、この規定はなくなった。しかし、通信教育生
　の学習の実態にかんがみ、面接指導を本校または協力校のみで行なうことは、場
　合によつては困難であろう。時と場所により、また、指導内容等を考慮し、生徒
　の生活実態にそうよう公民館等教育上適当な場所で面接指導を行なうことはやむ
　を得ないと思われる。」と解説されている。

生徒の負担軽減等の観点から通信教育規程の一部が改正され[40]、「実施校は、特別の事情があり、かつ、教育上及び安全上支障がない場合は、他の学校等の施設及び設備を使用することができる。」（改正前・通信教育規程第11条）との規定が新設された。同改正の施行通知では、その運用にあたり、以下のとおり留意事項が記されている。

◆文部科学省初等中等教育局長「高等学校通信教育規程の一部を改正する省令について（通知）」（平成18年4月4日・18文科初第23号）（抄）

第2　留意事項

2．第11条について

(1) 第11条中「特別の事情」には、生徒の通学可能区域に本校がなく、かつ、協力校を設けることができない等の場合が考えられること。

(2) 第11条中「他の学校等」には、大学・短期大学、専修学校、指定技能教育施設等が含まれること。

(3) 他の学校等を使用する場合、教育活動に適した施設であるか等について判断し、教育上及び安全上支障がない施設で実施する必要があること。

(4) 他の学校等を使用して面接指導等を行う場合であっても、生徒が在学する高等学校の教員が行う必要があること。

(5) 各都道府県において、私立学校の通信制高等学校の設置認可に係る審査基準等について必要な整備をするなど、面接指導等が適切な施設で実施されるよう留意する必要があること。

(6) 通信制高等学校が所在する都道府県と面接指導等を行う他の学校等の施設が所在する都道府県とが異なる場合は、都道府県間で相互に連携をとることが望ましいこと。

　上記通知を踏まえれば、平成18年に新設された通信教育規程第11条（他の学校等の施設及び設備の使用）は、どのような施設及び設備の使用であっても無制限に許容するという趣旨ではなく、①生徒の通学可能区域に本校がなく、かつ、協力校を設けることができない等の「特別の事情」があること、②大学・短期大学、専修学校、指定技能教育施設等の教育活動に適した施設

---

[40]「高等学校通信教育規程の一部を改正する省令」（平成18年文部科学省令第6号）

を使用する等の「教育上及び安全上支障がない」こと、といった観点をいずれも満たさなければならないと解される。

　平成18年改正は、これらの観点を満たすことを前提に、高等学校としての認可を受けていない学校又は施設であっても面接指導や試験等を実施するために使用できることを明文で示すものとなった。他方で、「特別の事情があり、かつ、教育上及び安全上支障がない場合」との規定は、抽象的であるために恣意的な解釈を招きやすい側面があり、上記通知が示した留意事項もむなしく、必ずしも高等学校教育を担うにふさわしい環境があるとはいえない施設までもが恒常的に使用される事態を招くこととなった。

　令和3年改正では、こうした変遷を踏まえ、サテライト施設の法的な位置付けを明確化する（通信教育規程第3条）とともに、「特別の事情があり、かつ、教育上及び安全上支障がない場合」の趣旨を具体化して、その実効性を確保するため、サテライト施設の種類に応じて、サテライト施設が備えるべき編制、施設及び設備の基準を定める（通信教育規程第10条の2第1項及び第2項）などの改正が行われた。

　なお、これらの改正に伴い、サテライト施設の設置根拠は通信教育規程第3条（通信教育連携協力施設）に括り出されることとなったため、これまでサテライト施設の設置根拠と捉えられてきた通信教育規程第11条（他の学校等の施設及び設備の使用）は、他の学校等の施設及び設備を「一時的に」使用する場合の規律を定めるものへと改正され、その適用範囲が限定されている（▶▶「第2章1(6)通信教育規程第11条（他の学校等の施設及び設備の使用）」参照）。

ウ．規定の趣旨及び内容

（ア）通信教育連携協力施設の設置（第3条第1項）

　本条第1項では、実施校の行う通信教育について連携協力する学校又は施設（いわゆるサテライト施設）のことを「通信教育連携協力施設」と新たに定義付け、実施校の設置者は、これを設けることができるとしている。

　本条第1項各号では、通信教育連携協力施設について、①面接指導又は試

験等の実施について連携協力を行う施設（＝面接指導等実施施設）、②生徒の進路選択及び心身の健康等に係る相談、添削指導に附帯する事務の実施その他の学習活動等の支援について連携協力を行う施設であって、面接指導等実施施設以外のもの（＝学習等支援施設）、といった2種類から構成されることを定めている。

　サテライト施設の分類（▶▶「第1章2(2)イ(イ) サテライト施設の設置関係」参照）に照らして捉えれば、通信教育連携協力施設、面接指導等実施施設、学習等支援施設それぞれとの関係は、以下のように整理される。

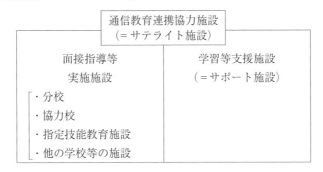

　具体的に、ある通信教育連携協力施設が、面接指導等実施施設と学習等支援施設のいずれに該当するかは、「面接指導又は試験等の実施について連携協力を行う」（本条第1項第1号）ことが予定されるか否かで判断される。すなわち、面接指導や試験等が予定されていれば、それは面接指導等実施施設として位置付けられる。一方で、面接指導や試験等が予定されていなければ、それは学習等支援施設として位置付けられる。

　「面接指導又は試験等の実施」（本条第1項第1号）とは、面接指導か試験のいずれか一方又は双方を実施することを意味し、その他の学習活動等の支援を加えて行うことを妨げるものではない。そのため、面接指導等実施施設であっても、面接指導や試験の連携協力のみならず、生徒の進路選択や心身の健康等に係る相談、添削指導に附帯する事務、その他の学習活動等の支援も行うことは可能である。

　「学習活動等の支援」（本条第1項第2号）とは、同号に例示されるとおり、

生徒からの学習相談や心身の悩みに応じたり、生徒への教材や添削課題等の配付事務を行ったりすることなどが主として想定されている。もちろん、これらの例示されるもの以外の支援であっても、幅広くその対象に含まれる。

　なお、学習等支援施設は、「……学習活動等の支援について連携協力を行う施設であつて、面接指導等実施施設以外のもの」（本条第 1 項第 2 号）と定義付けられるように、その定義上、面接指導等実施施設ではない施設、すなわち面接指導や試験のいずれも予定されない施設が念頭に置かれている。そのため、学習等支援施設では、面接指導や試験の連携協力を行うことができないのが原則となる。もしも学習等支援施設において面接指導や試験を行うことが検討されるとすれば、実施校の設置者は、その施設を、学習等支援施設ではなく、面接指導等実施施設として改めて位置付け直すことが必要となる。

　通信教育連携協力施設、面接指導等実施施設、学習等支援施設について、いずれも「……について連携協力を行う（施設）」（本条第 1 項柱書前段、同項第 1 号、同項第 2 号）と定義付けられる。ここでの「連携協力」とは、その施設が有する教室等の施設及び設備の使用を認める物的協力や、兼務発令等を通じてその施設に属する教職員等に指導を担わせる人的協力を意味する。なお、こうした連携協力を得て実施する通信教育は、学校教育法その他の関係法令に基づき、実施校の設置者の管理責任下で実施するものであるから、「実施校の設置者の定めるところにより……連携協力を行う」（本条第 4 項）必要がある点に留意しなければならない。

　実施校の設置者が通信教育連携協力施設を設ける場合に、当該施設が他の設置者のものであるときは、その設置者の同意を得なければならないと定めている（本条第 1 項柱書後段）。具体的な同意の方法は、法令上特段の定めはないものの、通信制高等学校の設置者とその施設の設置者との間において、連携協力に係る同意書や連携協力協定等の取り決めを書面により行うことなどが考えられる[41]。ここでの「通信教育連携協力施設の設置者の同意」（本条第 1 項柱書後段）とは、必ずしも当該施設の設置者の長の名義で同意を得る必要があるわけではなく、連携協力の内容等に応じ、連携協力を行うこと

を決定するために必要な権限を有する責任者から同意が得られればよい。

　なお、上記のような設置者間での取り決めもないままに、実施校の行う通信教育に関する学習サポート等の活動を事実上行う施設が、実施校の設置者がその存在を認識していないところで出現することも実態上想定される。実施校の設置者としては、こうした施設について、たとえ連携協力するつもりはなくても、当該施設が学習サポート等の活動を行っている以上、通信教育連携協力施設として位置付ける必要が生じるか、実務上問題になる。なぜなら、仮に、これらの施設も通信教育連携協力施設として位置付ける必要があるとすれば、実施校の設置者は設置者間の取り決めを定めたうえで、当該施設を学則に記載したり（施行規則第4条第2項第2号、通信教育規程第4条第2項）、通信教育連携協力施設が備えるべき基準を当該施設が満たすことの確認を行ったり（通信教育規程第10条の2）すべきことになるからである。

　ここで通信教育連携協力施設として位置付けることを必要とする趣旨に立ち返って考えるに、それは通信教育を実施する場として自ら使用する以上、実施校の設置者としても、その教育水準の確保に責任をもつものであることを明らかにすることにあると解される。そうだとすれば、上記のような施設は、その存在すら実施校の設置者から認識されるものではなく、実施校の設置者が自ら使用する関係にはないから、上記の趣旨は妥当しないといえる。したがって、実施校の設置者は、上記のような施設について、必ずしも通信教育連携協力施設として位置付けなければならないわけではないと考えられる。もっとも、上記のような施設であっても、当該施設の生徒募集や学習サポート等の活動に実施校も関与する事実があるなど、実質的な連携協力関係が認められる場合には、通信教育を実施する上で当該施設を自ら使用する関係にはないとはもはや言えないのであるから、たとえ設置者間での取り決めが形式的に存在しないとしても、実施校の設置者は当該施設を通信教育連携

---

[41] ガイドライン「1(4) 通信教育連携協力施設との適切な連携協力関係の確保等」では、「②　実施校の設置者は、通信教育連携協力を設ける場合は、その連携協力内容について、当該施設の設置者とあらかじめ文書による取り決めを行うこと」が示されている。

協力施設に位置付けなければならないと考えるべきであろう。

（イ）面接指導等実施施設となる学校又は施設の種類（第3条第2項）

　本条第2項では、面接指導等実施施設は、分校又は協力校とすることを基本とするとともに、特別の事情があり、かつ、教育上支障がない場合は、大学、専修学校、指定技能教育施設その他の学校又は施設とすることができると定めている。

　改正前の通信教育規程では、実施校の設置者は、協力校を設けることができる（改正前・通信教育規程第3条）とともに、特別の事情があり、かつ、教育上及び安全上支障がない場合は、他の学校等の施設及び設備を使用することができること（改正前・通信教育規程第11条）を定めていた。ここで「他の学校等」とは、文部科学省の通知[42]によれば、「大学・短期大学、専修学校、指定技能教育施設」が主として想定されていた。

　令和3年改正では、こうした従前の関係性を踏襲し、面接指導等実施施設を設ける場合には、面接指導等実施施設は、実施校の分校又は協力校とすることを基本とする（本条第2項本文）とともに、特別の事情があり、かつ、教育上支障がない場合は、大学[43]、専修学校、指定技能教育施設その他の学校又は施設とすることができる（本条第2項ただし書）と定めている。なお、改正前の「教育上及び安全上支障がない場合」（改正前・通信教育規程第11条）との規定は、改正後には「教育上支障がない場合」（本条第2項ただし書）としか規定されていないが、当然のことながら、安全上支障がないことも、通信教育規程第10条の2第1項の規定に従い、適切に確保されなければならない（▶▶「第2章2(5)通信教育規程第10条の2（通信教育連携協力施設の編制、施設及び設備）」参照）。

---

[42] 文部科学省初等中等教育局長「高等学校通信教育規程の一部を改正する省令について（通知）」（平成18年4月4日・18文科初第23号）第2の2(2)では、「『他の学校等』には、大学・短期大学、専修学校、指定技能教育施設等が含まれること」が示されている。

[43] 通信教育規程に定める「大学」には、短期大学を含む。

　「特別の事情があり、かつ、教育上支障がない場合」（本条第 2 項ただし書）
とは、改正前の通信教育規程第 11 条に規定される「特別の事情があり、か
つ、教育上……支障がない場合」と同旨である。すなわち、先に述べたとお
り、どのような施設及び設備の使用であっても許容するという趣旨ではなく、
①生徒の通学可能区域に本校がなく、かつ、協力校を設けることができない
等の「特別の事情」があること、②大学・短期大学、専修学校、指定技能教
育施設等の教育活動に適した施設を使用する等の「教育上支障がない」こと、
といった観点をいずれも満たさなければならないと解される[44]。

　「大学、専修学校、指定技能教育施設……その他の学校又は施設」（本条第
2 項ただし書）とは、大学、専修学校、指定技能教育施設を例示列挙しつつ、
その他の教育活動に適する学校又は施設を幅広く対象とするものである。こ
の他にも、たとえば、小学校や中学校、公民館等の社会教育施設等も該当す
ると考えられるが、これらに限られるものではない。なお、面接指導等実施
施設として位置付ける場合には、別途、面接指導等実施施設が備えるべき編
制、施設及び設備の基準（通信教育規程第 10 条の 2 第 1 項）を満たすものでな
ければならない点に留意する必要がある（▶▶「第 2 章 2(5) 通信教育規程第 10
条の 2（通信教育連携協力施設の編制、施設及び設備）」参照）。

（ウ）協力校の定義（第 3 条第 3 項）

　本条第 3 項では、「協力校」の定義を定めている。具体的には、実施校の
行う通信教育について連携協力を行うものとして、その設置者が定めた高等
学校のことをいう。こうした定義は、改正前の通信教育規程から実質的に変

---

[44] ガイドライン「1(3) 通信教育連携協力施設の設置等」では、「②　面接指導
　等実施施設は、実施校の分校又は協力校であることを基本とすること。ただし、
　特別の事情があり、かつ、教育上支障がない場合は、大学、専修学校、指定技能
　教育施設その他の学校又は施設とすることができること。具体的に、『特別の事
　情』がある場合としては、例えば、生徒の通学可能区域に本校がなく、かつ、実
　施校の分校又は協力校を設けることができない等の場合などが考えられること」
　が示されている。

わるところはない。

　なお、令和3年改正では、改正前の通信教育規程第3条で用いられた「協力」との用語は、「連携協力」の用語へと改正・統一されているが、「協力校」との用語は、戦後、通信教育の開設当初から用いられ、広く教育関係者に浸透していることを踏まえ、無用な混乱を避けるため、引き続き「協力校」との用語が用いられている。

（エ）適切な連携協力関係の確保（第3条第4項）

　本条第4項では、通信教育連携協力施設は、実施校の設置者の定めるところにより、実施校の行う通信教育に連携協力を行うものとすると定めている。

　学校は、その設置者が管理しなければならない（法第5条）。この原則は、学校についての設置者管理主義と呼ばれ、組織・施設の設置者がその運営の責任を持つという当然の原則を確認的に定めているものと解される[45]。通信制高等学校もれっきとした学校であるから、設置者管理主義の下に、その設置者がその運営に責任を持つ。

　こうした原則は、通信教育連携協力施設を設ける場合であっても変わるものではない。すなわち、実施校の設置者は、通信教育連携協力施設と連携協力して行う通信教育及びこれと密接不可分な日常的な教育活動について、その運営に責任を負う立場にある。なお、これに対して、通信教育連携協力施設における上記の教育活動は、当該施設に委託して行われるとして、実施校の設置者はその運営に一切の責任を負わないかのような捉え方が一部に見受けられるが、そうした解釈は設置者管理主義に反し、適切とは言い難い。

　本条第4項は、こうした設置者管理主義の要請から、「実施校の設置者の定めるところにより」連携協力が行われるものであることを確認的に規定することで、実施校の設置者こそが、通信教育連携協力施設との連携協力内容を含めた学校の教育活動全般について、具体的な管理を行う権限を有し、かつ、その運営に責任を有することを明らかにしている[46]。

---

[45]　鈴木「逐条学校教育法」59頁参照。

　なお、近年では、通信教育連携協力施設において、実施校の行う学校教育たる通信教育とは別に、正規の教育課程によらない独自の教育活動等を実施するものも多く存在している（▶▶「第1章1(2) 通信制高等学校に関する現状」参照）。このような場合には、両者が渾然一体となって運営されることがないよう、それぞれの区別を明確にした上で、あらかじめ生徒や保護者に十分な説明を行うなど、誤解を招くことがないよう管理運営上の工夫を図ることが望ましい[47]。

---

[46] ガイドライン「1(4) 通信教育連携協力施設との適切な連携協力関係の確保等」
では、「③　添削指導、面接指導、多様なメディアを利用した学習を取り入れた
指導、試験及び生徒の履修状況の把握・確認その他生徒の成績評価や単位認定等
に関わる業務（以下「添削指導等」という。）は、実施校の身分を有しない通信
教育連携協力施設の職員など実施校の校長の監督権が及ばない者に実施させるこ
となく、実施校の教職員が行うこと」が示されている。

[47] ガイドライン「1(4) 通信教育連携協力施設との適切な連携協力関係の確保等」
では、「⑤　生徒募集等の際に、実施校が行う高等学校通信教育と通信教育連携
協力施設が独自に行う活動との区別を明確に説明するなど、実施校と通信教育連
携協力施設の関係について、実施校としてあらかじめ生徒・保護者に十分な説明
を行うこと。また、通信教育連携協力施設において、通信教育連携協力施設が高
等学校であると誤解させたり、通信教育連携協力施設の独自の活動等を受講する
ことが高等学校を卒業するために必ず必要となるかのように説明したりするなど、
不適切な勧誘等が行われないようにすること。授業料等についても、実施校が行
う高等学校通信教育に係る授業料と通信教育連携協力施設が独自に行う活動等に
係る費用の区別について、生徒・保護者に適切かつ明確な説明が行われるように
すること。」が示されている。

(2) 通信教育規程第 4 条（通信制の課程の規模）

> （通信制の課程の規模）
>
> 第四条　実施校における通信制の課程に係る収容定員は、二百四十人以上とする。ただし、特別の事情があり、かつ、教育上支障がない場合は、この限りでない。
>
> 2　実施校の設置者は、前条第一項の規定により通信教育連携協力施設を設ける場合には、実施校の通信制の課程に係る収容定員のうち、通信教育連携協力施設ごとの定員を学則で定めるものとする。

ア．改正の概要

　令和 3 年改正では、サテライト施設の教育水準を確保する観点から、サテライト施設を意味する法令上の概念として「通信教育連携協力施設」との用語を新たに設け、その法的な位置付けを明確化する（通信教育規程第 3 条）とともに、サテライト施設を規律するための各種規定を定めている。本条第 2 項は、こうした規定の一つとして新設されるものである。

　具体的には、実施校の設置者は、サテライト施設を設ける場合には、実施校の通信制課程に係る収容定員の範囲内において、サテライト施設ごとの定員を定めるとともに、実施校の学則に記載しなければならないとされる。

　なお、通信制高等学校の学則には、サテライト施設ごとの定員に関する事項のほか、施行規則第 4 条第 2 項の改正により、サテライト施設ごとの名称や位置等に関する事項を記載しなければならない点にも併せて留意する必要がある（▶▶「第 2 章 2(1) 施行規則第 4 条（学則に記載しなければならない事項）」参照）。

イ．改正の背景

　学校は、その収容定員を定め、学則に記載しなければならない（施行規則第 4 条第 1 項第 5 号）。収容定員は、学校教育にふさわしい環境を確保する観点から、その人的・物的体制、すなわち教員組織や校地・校舎等の施設及び設備その他の教育上の諸条件を総合的に考慮して定めることが期待される。

加えて、通信制課程の収容定員は、一定以上の規模を確保する観点から、原則として、240 人以上とする必要がある（通信教育規程第 4 条第 1 項）。

　各学校では、こうして自らが定める収容定員に基づき、在籍生徒数が適正になるよう自律的に管理するとともに、生徒の入学動向等を踏まえながら、必要に応じて人的・物的体制を充実させて、学校教育を実施するに適した教育環境を計画的に実現することが求められる。

　他方で、通信制高等学校は、サテライト施設を設ける学校が多く存在することから、上記のような収容定員を定める趣旨が必ずしも十分に実現できていない。それどころか、サテライト施設ごとの定員が定められないままに、実施校の通信制課程に係る収容定員の範囲内に収まるよう運用されることにより、実際には次のような問題が生じる場面が見受けられる。

　問題の所在を具体的に理解するため、以下では、実施校 A（収容定員 840人）が、設置者の異なるサテライト施設 X とサテライト施設 Y の 2 施設と新たに連携協力を開始する、という仮想事例をもとに考えてみたい。実施校 A は、その本校で 480 人の生徒（1 学年 160 人 × 3 学年）を受け入れ、教育を実施するものであり、サテライト施設 X とサテライト施設 Y に対しては、入学を希望する生徒がいれば、両施設あわせて 360 人（収容定員 840 人 − 本校生徒480 人）までを上限に入学許可することができる旨を伝えていたとする。これを受け、サテライト施設 X は、3 学年で 180 人の生徒（1 学年 60 人 × 3 学年）を計画的に受け入れていくことを考え、初年度の生徒募集は 60 人を上限に行い、60 人からの入学申し込みを得たとする。一方で、サテライト施設 Y は、特段の上限なく生徒募集を行ったところ、予想外に多くの入学希望があり、300 人からの入学申し込みを得たとする。これらを踏まえ、実施校 A は、両施設延べ 360 人からの入学申し込みについて、あらかじめ設定していた上限の範囲内であることから全て許可したとする。そして、実施校 A は、サテライト施設 X とサテライト施設 Y に対して、今年度の入学許可をもって実施校 A の収容定員の空きがなくなったため、次年度以降はしばらく入学許可できない旨を伝えたとする。その結果、1 学年 60 人 × 3 学年の生徒を計画的に受け入れることを予定していたサテライト施設 X は、当初の計画を維持

することができなくなり、変更を余儀なくされることとなった。

　上記仮想事例の考察からは、サテライト施設Xとサテライト施設Yとは、相互に独立して運営されているように思えるものの、実施校Aの収容定員という総枠の下で、受け入れることができる生徒数の枠を互いに奪い合う、いわば収容定員の「食い合い現象」が生じる関係にあることがわかる。このような現象が生じる場合には、一方施設が受け入れ可能な生徒数は、他方施設の生徒数の影響を受けざるを得ないから、各施設が自律的に在籍生徒数を管理することが困難な状況に陥ってしまう。そして、たとえ生徒の受け入れ計画を策定したとしても、上記仮想事例のサテライト施設Xのように、他方施設の生徒数次第では、計画を断念せざるを得ないリスクを抱えることになる。

　令和3年改正では、こうした課題を踏まえ、実施校の設置者は、実施校の通信制課程に係る収容定員の範囲内において、あらかじめ、サテライト施設ごとの定員を定めるとしている。これにより、生徒数をめぐってサテライト施設が相互に影響を及ぼし合う関係は解消されることから、実施校の設置者は、改めて本来の収容定員を定める趣旨に立ち返った上で、各サテライト施設の連携協力を得ながら、サテライト施設ごとの教育環境に応じた生徒数となるよう、それぞれの定員に基づき適正に管理することが期待される。

ウ．規定の趣旨及び内容

　本条第2項では、実施校の設置者は、通信教育連携協力施設を設ける場合には、実施校の通信制課程に係る収容定員の範囲内において、通信教育連携協力施設ごとの定員を定めるとともに、実施校の学則に記載しなければならないと定めている。

　通信教育連携協力施設ごとの定員を定めるにあたっては、収容定員を定める際と同様に、学校教育にふさわしい環境を確保する観点から、その人的・物的体制、すなわち各施設の教員組織や校地・校舎等の施設及び設備その他の教育上の諸条件を総合的に考慮して定めることが期待される。そして、実施校の設置者は、こうして自らが定める通信教育連携協力施設ごとの定員に基づき、在籍生徒数が適正になるよう管理するとともに、各施設における生

徒の入学動向等を踏まえながら、必要に応じて人的・物的体制を充実させて、学校教育を実施するに適した教育環境の計画的な実現を図ることが求められる。

通信教育連携協力施設ごとの定員は、「実施校の通信制の課程に係る収容定員のうち」（本条第2項）、すなわち実施校の通信制課程に係る収容定員の範囲内において定めなければならない。たとえば、実施校の通信制課程に係る収容定員が360人であるにもかかわらず、通信教育連携協力施設の定員を480人とするようなことは認められない。また、通信教育連携協力施設ごとの定員の総和も、原則として、実施校の通信制課程に係る収容定員の範囲内に収まるものでなければならない。たとえば、実施校の通信制課程の収容定員が360人であるにもかかわらず、通信教育連携協力施設Xの定員を300人、通信教育連携協力施設Yの定員を300人とするようなことは認められない。これを認めることとすれば、先に述べたような、実施校の収容定員の「食い合い現象」が生じることとなり、通信教育連携協力施設ごとに定員を定める趣旨を没却させてしまうからである。

通信教育連携協力施設ごとの定員は、「学則で定める」（本条第2項）とされる。もっとも、通信教育連携協力施設ごとの定員は、改正後の施行規則第4条第2項第2号に規定する「通信教育連携協力施設に関する事項」として、学則に記載しなければならない事項に含まれるものであり、本条第2項に規定する「学則で定める」旨は確認的に規定しているにすぎない。

通信教育連携協力施設ごとの定員の設定や変更等に伴って実施校の学則を変更する場合には、上記の「通信教育連携協力施設に関する事項」（施行規則第4条第2項第2号）に係る学則変更を行う場合に倣って、所要の手続きを経ることが必要となる（▶▶「第2章2(1) 施行規則第4条（学則に記載しなければならない事項）」参照）。また、広域通信制高等学校にあっては、通信教育連携協力施設ごとの定員に関する事項に係る学則変更の認可申請又は届出を行うに際して、通常の学則変更の手続きに必要な書類に加えて、経費の見積り及び維持方法を記載した書類、並びに学則記載の定員に必要な校地校舎等の図面を添えて行う必要がある（▶▶「第2章2(2) 施行規則第5条（学則変

更の認可申請又は届出に要する書類）」参照）。

　なお、令和3年改正に伴う学則変更の手続きについては、必ずしも令和3年改正の施行日（令和4年4月1日）までに行う必要はなく、一定の経過措置が設けられている（改正省令附則第2条）。具体的には、令和3年改正の施行日以後で最初に学則変更の認可申請を行う日、又は令和5年3月31日のいずれか早い日までに学則変更を行えばよい（▶▶「第2章3⑵ 附則第2条（学則変更についての経過措置）」参照）。

(3) 通信教育規程第4条の2（面接指導を受ける生徒数）

> （面接指導を受ける生徒数）
>
> 第四条の二　同時に面接指導を受ける生徒数は、少人数とすることを基本とし、四十人を超えてはならない。

ア．改正の概要

　令和3年改正では、面接指導の意義及び役割が十分に発揮されるものとなるよう、面接指導を受ける生徒数に関する規定として、本条を新設している。具体的には、同時に面接指導を受ける生徒数は、少人数とすることを基本とし、40人を超えてはならないとしている。

イ．改正の背景

　面接指導の意義及び役割は、個別指導を重視して一人一人の生徒の実態を十分把握し、自宅学習に必要な基礎的・基本的な学習知識を指導したり、添削指導を通して明らかとなった個々の生徒のもつ学習上の課題に十分考慮し、その後の自宅学習への示唆を与えたりすること[48]や、集団の中で共同学習をする場を提供して、生徒の人間形成を図ること[49]などにあるものと解される。

　こうした意義及び役割は、通信教育の開始当初からも強く意識されてきたところであるが、令和の時代においても決して色あせるものではなく、通信

---

[48] 鈴木「逐条学校教育法」521頁では、「面接指導とは、スクーリングといわれているものであり、生徒が学校に登校して、直接教師の指導を受けるとともに、集団の中で共同学習をする場を提供するもので、生徒の人間形成の面においても重要な意義をもつ指導方法である」とされる。

[49] 文部科学省「高等学校学習指導要領（平成30年告示）解説総則編」（平成31年1月23日）では、「面接指導においては、個別指導を重視して一人一人の生徒の実態を十分把握し、年間指導計画に基づき、自宅学習に必要な基礎的・基本的な学習知識について指導したり、それまでの添削指導を通して明らかとなった個々の生徒のもつ学習上の課題について十分考慮し、その後の自宅学習への示唆を与えたりするなど、計画的、体系的に指導することが必要である」とされる。

教育の基幹的な存在として在り続けることはもとより、予測困難な時代を生き抜くために必要な資質・能力を育むために、その重要性はより一層高まっているといえる。

　また、近年では、勤労青年等のみならず、中学校卒業後まもなく、就職等による社会的経験を有していない生徒も多く在籍しているとともに、個々の生徒が抱える課題は多様化・複雑化している。こうした生徒層の変化を踏まえれば、面接指導をはじめとする通信教育のあらゆる場面において、多様な生徒一人一人にきめ細かく対応することが一層求められている。

　では、こうした面接指導の意義及び役割が十分に発揮されるためには、これを受ける生徒数をどのように考えればよいであろうか。改正前の通信教育規程では、同時に面接指導を受ける生徒数に関する規定が存在していないものの、面接指導の意義及び役割並びにその一般的な語義を踏まえれば、面接指導を行う科目の特性等に応じながら、個人差に応ずる指導ができる範囲内の人数で行われることが期待されていた。また、全日制・定時制課程が行う授業については、これを同時に受ける生徒数は40人以下とされること（高等学校設置基準第7条）からすれば、授業以上に個別指導の趣旨が強く求められる面接指導については、これを同時に受ける生徒数は多くとも40人を超えない範囲でなければならないものと解される。

　しかしながら、近年では、通信制課程において、同時に面接指導を受ける生徒数に関する規定が存在しないことのみをもって、同時に何人の生徒にしてもよいとの恣意的な解釈がなされ、たとえば1人の教師が100人を超える生徒に一斉に指導するような不適切な実態が一部に見受けられた。

　こうした状況を踏まえ、中央教育審議会等では、面接指導について、全日制・定時制課程の「授業」とは異なり、添削指導を通して明らかとなった個々の生徒のもつ学習上の課題を十分考慮しながら、その後の自学自習への示唆を与え、計画的かつ体系的に指導するものであって、個人差に応ずる指導の徹底を図ることが求められるものであると総括した上で、そうした個別指導の原則[50]を踏まえ、個々の生徒に応じたきめ細かな指導が行えるよう、少人数で行うことを基幹とすることを適当とした[51]。

　令和3年改正では、こうした恣意的な解釈を防ぎ、面接指導の意義及び役割が十分に発揮されるものとなるよう、同時に面接指導を受ける生徒数に関する規定を新たに設け、その解釈を明確化している。

ウ．規定の趣旨及び内容

　本条では、面接指導を実施するにあたり、同時に面接指導を受ける生徒数は、少人数とすることを基本としつつ、40人を超えてはならないと定めている。

　ここでいう「少人数」とは、具体的な人数が一律に定められるものではなく、各学校において、学校や履修する生徒の実態、各教科・科目等の特性等を踏まえ、面接指導の意義及び役割を十分に発揮できる人数を適切に設定することが求められるものとなる。ただし、その数は40人を超えない範囲内で設定しなければならない[52]。

　本条の適用については、施行後、当分の間は、経過措置が設けられている（▶▶「第2章3(3) 附則第4条（面接指導を受ける生徒数についての経過措置）」参照）。そのため、令和3年改正の施行日（令和4年4月1日）以降において、特別の事情があり、かつ、教育上支障がない場合には、同時に面接指導を受ける生徒数がやむを得ずに40人を超えてしまったとしても、そのことのみをもって直ちに法令違反となるわけではない。もっとも、たとえば1人の教

---

[50] ここでいう「個別指導の原則」とは、個々の生徒を分断する趣旨のものでは決してなく、生徒の学習の進捗を十分に把握した上で、添削指導を通して明らかとなった個々の生徒のもつ学習上の課題を十分考慮しながら、学校教育として当然求められる、教師から生徒への対面指導、生徒同士の関わり合い等を通じて行われる指導であることに留意しなければならない。

[51] 中教審答申56頁、高校WG審議まとめ54-55頁、協力者会議審議まとめ10頁参照。

[52] ガイドライン「2(3) 面接指導及びその評価」では、「⑤　……各学校や生徒の実態等を踏まえ、面接指導の意義及び役割を十分に発揮できるよう、各教科・科目等の特質に応じて適切に設定するべきものであり、同時に面接指導を受ける生徒数は、多くとも40人を超えない範囲内で設定すること」が示されている。

師が 100 人を超える生徒に一斉に行うなどの場合は、面接指導の意義及び役割が十分に発揮されている（＝教育上支障がない）ということはできないから、上記の経過措置の適用を受けるものではなく、すみやかに改善を図ることが必要である。

（4）通信教育規程第4条の3（通信教育実施計画の作成等）

（通信教育実施計画の作成等）

第四条の三　実施校の校長は、通信教育の実施に当たつては、次に掲げる事項を記載した計画（第十四条第一項第二号において「通信教育実施計画」という。）を作成し、生徒に対して、あらかじめ明示するものとする。

　一　通信教育を実施する科目等（学校教育法施行規則別表第三に定める各教科に属する科目、総合的な探究の時間及び特別活動をいう。次号及び第三号において同じ。）の名称及び目標に関すること。

　二　通信教育を実施する科目等ごとの通信教育の方法及び内容並びに一年間の通信教育の計画に関すること。

　三　通信教育を実施する科目等ごとの学習の成果に係る評価及び単位の修得の認定に当たつての基準に関すること。

ア．改正の概要

　令和3年改正では、教育課程の編成・実施の適正化を図るため、本条を新設している。具体的には、実施校の校長は、通信教育を実施する科目等ごとに、①その名称及び目標に関すること、②その教育方法及び内容、並びに一年間の通信教育の計画に関すること、③その学習評価及び単位認定の基準に関すること、を記載した「通信教育実施計画」を作成し、生徒に対して、あらかじめ明示するものとすると定めている。

イ．改正の背景

　通信教育は、全日制・定時制課程における授業とは異なり、自学自習を中核に据えて、必要に応じてメディア指導を加えながら、添削指導、面接指導及び試験の方法により行うものである。このような方法を基礎とすることにより、学習時間や時期、方法等を自ら選択して自分のペースで学ぶことを可能にしている。

　通信制高等学校では、こうした特性を活かし、個々の生徒の学習ニーズに応じながら、多種多様な教育方法が考案・実施されている。たとえば、学校

から遠くに住む生徒や、職業上の理由から定期的に時間を確保することが困難な生徒等の便宜を図るため、合宿等を伴って特定時期に集中的に行う面接指導（いわゆる集中スクーリング）を実施したり、生徒の興味・関心や進路希望等に応じながら通学して学習するコース（いわゆる通学コース）を設けたり、さらには、メディア指導の一環として Web 会議システムを活用した同時双方向型のオンライン授業等を行ったりするなどの取り組みが進められている。

　通信教育を取り巻く制度は、上記のような多種多様な教育方法を取り入れることを可能とするように、その自由度（柔軟性）が高いものといえる。こうした自由度の高さは、教育の多様な可能性を拓き、生徒の実情に応じたきめ細かな教育の実現に資するものとなっている。しかしながら、その反面、必ずしも高等学校教育としての量と質が確保されているとはいえないものまで生じさせていることも事実である。ウィッツ青山学園高等学校事件では、遊園地でのお釣りの計算をもって単位認定が行われるなど、指導要領に沿わない不適切な活動が単位認定の対象となったとされるところ、まさに上記の課題が表面化した事例であるといえよう。

　さらに、こうした自由度の高さは、時に、通信教育の本質を見失わせてしまいかねない側面もある。たとえば、集中スクーリングを年度当初のみに行い、当該年度に必要な面接指導と試験を全て実施する学校も一部に見受けられる。こうした場合には、添削指導が実施されていないにもかかわらず、試験を実施することとなるが、果たして生徒の学習状況等を適切に評価し得る状態にあるといえるだろうか[53]。また、メディア指導として動画教材を 1 単位時間視聴したことのみをもって、面接指導の時間数を 1 単位時間免除する学校も一部に見受けられる。こうした場合には、直接教師の指導を受けたり、集団の中で共同学習をしたりする機会が失われることとなるが、果たしてそれに見合うだけの学習効果がメディア指導から得ることができるといえ

---

[53] ガイドライン「2(2) 添削指導及びその評価」では、「⑤……添削指導や面接指導が完了する前に、当該学期のすべての学習内容を対象とした学期末の試験を実施したりするようなことがないよう、年間指導企画及び通信教育実施計画に基づき、計画的に実施すること。」が示されている。

るだろうか[54]。このように、集中スクーリングやメディア指導など、多種多様な教育方法そのものには、固有の意義が認められるとしても、その実施の仕方次第では、かえって教育水準の低下を招きかねない場合もあることも十分に考慮されなければなるまい。

また、通学コースを実施する場合には、面接指導の単位時間数を増加することにより、指導要領に則った正規の教育課程として位置付けて行うものもあれば、正規の教育課程によらない独自の教育活動等として位置付けて行うものもある。仮に後者のように位置付けて行う場合には、指導要領に則って行われるものではない以上、高等学校としての学習評価や単位認定とは分けて考える必要がある[55]。しかしながら、これらを明確に区別することなく、たとえば、正規の教育課程によらないはずの通学コースであっても、それへの出席回数を特定の教科・科目等の単位認定の基準にするなど、渾然一体となっている学校も一部に見受けられる。

こうした課題の背景には、一部の学校関係者において、通信教育を取り巻く関係法令の趣旨及び内容が十分に理解されておらず、本来の趣旨を逸脱した独自の解釈を行っていたり、法令遵守を徹底するという意識や公教育としての高等学校教育を担っている責任の自覚が不十分であったりすることなどが指摘される。

教育課程の編成・実施にあたり、通信教育を実施する教科・科目等ごとに、

---

[54] メディア指導の実施により面接指導の時間数を免除する場合に、メディア指導を実施した時間数と同程度又はそれ以上の時間数を免除するものを「実時間減免」と呼ぶ。ガイドライン「2(4) 多様なメディアを利用して行う学習及び当該学習による面接指導等時間数の減免」では、「⑥　生徒の面接指導等時間数を免除する場合、多様なメディアを利用して生徒が行った学習の時間数と、同程度又はそれ以上の時間数を免除するという運用は不適切であること。」が示されている。

[55] ガイドライン「2(3) 面接指導及びその評価」では、「⑦正規の教育課程ではない教育活動（いわゆる通学コース）と、指導要領等に基づき高等学校通信教育として実施される面接指導とは明確に区別されるものであり、面接指導は上記の事項も踏まえ、指導要領等の法令に基づき実施すること。」が示されている。

育成を目指す資質・能力をどのように捉え、その育成に向け、添削指導、面接指導及び試験並びにメディア指導といった教育方法をどのように組み合わせ、どのような評価手法を用いていくのか。通信教育を取り巻く制度の自由度が高いからこそ、高等学校教育の目的及び目標を改めて確認した上で綿密に検討を行い、学校全体として共通認識を図ることが求められよう。

こうした状況を踏まえ、中央教育審議会等では、教育課程の編成・実施の適正化を図る観点から、通信教育の特性等に鑑みて、添削指導及び面接指導の年間計画やそれらの実施予定内容、メディア指導等の実施方法やその報告課題の作成方法等の基本的な実施計画、試験の日程、学習成果の評価方法や評価基準等を記載した体系的な計画として、「通信教育実施計画」を策定し、あらかじめ、生徒や保護者に対して明示することを適当とした[56]。

令和3年改正では、これらを踏まえ、教育課程の編成・実施の適正化を図る観点から、各通信制高等学校において、通信教育を実施するための体系的な計画として、「通信教育実施計画」を作成・明示することを定めている。

ウ．規定の趣旨及び内容

本条では、実施校の校長が、通信教育の実施にあたっては、通信教育実施計画を作成し、生徒に対して、あらかじめ明示することを定めている。

通信教育実施計画とは、いわゆるシラバスに相当するものである。具体的には、通信教育を実施する科目等ごとに、①その名称及び目標に関すること（本条第1号）、②その教育方法及び内容、並びに一年間の通信教育の計画に関すること（本条第2号）、③その学習評価及び単位認定の基準に関すること（本条第3号）、を記載しなければならないと定められている。

通信教育連携協力施設を設ける場合であって、生徒が属する通信教育連携協力施設ごとに、通信教育の方法、内容、年間計画等に関する事項が異なる場合には、たとえば、通信教育連携協力施設ごとに通信教育実施計画を作成

---

[56] 中教審答申56頁、高校WG審議まとめ54頁、協力者会議審議まとめ9頁参照。

するなど、生徒が自らの属する通信教育連携協力施設に対応する上記事項について容易に理解することができるよう工夫して作成することが期待される。

通信教育実施計画の明示の方法としては、冊子や電子データで生徒に配付する方法のほか、刊行物への掲載、学校ホームページでの公開など、各学校の裁量により様々な方法が考えられる。なお、通信教育実施計画は、上記のとおり生徒に明示する必要があるほか、情報公表の対象となること（通信教育規程第 14 条第 1 項第 6 号）にも留意する必要がある（▶▶「第 2 章 1（9）通信教育規程第 14 条（情報の公表）」参照）。

実施校が行う教育活動の中には、指導要領に則った正規の教育課程として実施するものもあれば、正規の教育課程によらない独自の教育活動等として実施するものもある。もっとも、正規の教育課程によらずに実施する独自の教育活動等は、「通信教育を実施する科目等」（本条各号）の一部を構成するものではないため、通信教育実施計画に記載する対象にはならない。通信教育実施計画を作成するにあたっては、両者が渾然一体となって記載されることがないよう留意しなければならない。

（ア）通信教育を実施する科目等の名称及び目標に関すること（第 4 条の 3 第 1 号）

本条第 1 号では、通信教育を実施する科目等ごとに、その名称及び目標に関することを、通信教育実施計画に記載するものとすると定めている。

「通信教育を実施する科目等」（本条第 1 号）とは、「学校教育法施行規則別表第三に定める各教科に属する科目、総合的な探究の時間及び特別活動をいう」（本条第 1 号括弧書）とされる。「学校教育法施行規則別表第三」については、令和 4 年 4 月 1 日施行の指導要領改訂（平成 30 年 3 月）に伴い、以下表のとおりとなる。なお、「学校教育法施行規則別表第三に定める各教科に属する科目」としては、同表に掲げる各教科に属する科目を含むことはもとより、同表備考欄に規定されるとおり、いわゆる学校設定科目も含まれる。

◆改正後・施行規則別表第三

（一）　各学科に共通する各教科

各教科	各教科に属する科目
国語	現代の国語、言語文化、論理国語、文学国語、国語表現、古典探究
地理歴史	地理総合、地理探究、歴史総合、日本史探究、世界史探究
公民	公共、倫理、政治・経済
数学	数学 I 、数学 II 、数学 III 、数学 A 、数学 B 、数学 C
理科	科学と人間生活、物理基礎、物理、化学基礎、化学、生物基礎、生物、地学基礎、地学
保健体育	体育、保健
芸術	音楽 I 、音楽 II 、音楽 III 、美術 I 、美術 II 、美術 III 、工芸 I 、工芸 II 、工芸 III 、書道 I 、書道 II 、書道 III
外国語	英語コミュニケーション I 、英語コミュニケーション II 、英語コミュニケーション III 、論理・表現 I 、論理・表現 II 、論理・表現 III
家庭	家庭基礎、家庭総合
情報	情報 I 、情報 II
理数	理数探究基礎、理数探究

（二）　主として専門学科において開設される各教科

各教科	各教科に属する科目
農業	農業と環境、課題研究、総合実習、農業と情報、作物、野菜、果樹、草花、畜産、栽培と環境、飼育と環境、農業経営、農業機械、植物バイオテクノロジー、食品製造、食品化学、食品微生物、食品流通、森林科学、森林経営、林産物利用、農業土木設計、農業土木施工、水循環、造園計画、造園施工管理、造園植栽、測量、生物活用、地域資源活用
工業	工業技術基礎、課題研究、実習、製図、工業情報数理、工業材料技術、工業技術英語、工業管理技術、工業環境技術、機械工作、機械設計、原動機、電子機械、生産技術、自動車工、

	学、自動車整備、船舶工学、電気回路、電気機器、電力技術、電子技術、電子回路、電子計測制御、通信技術、プログラミング技術、ハードウェア技術、ソフトウェア技術、コンピュータシステム技術、建築構造、建築計画、建築構造設計、建築施工、建築法規、設備計画、空気調和設備、衛生・防災設備、測量、土木基盤力学、土木構造設計、土木施工、社会基盤工学、工業化学、化学工学、地球環境化学、材料製造技術、材料工学、材料加工、セラミック化学、セラミック技術、セラミック工業、繊維製品、繊維・染色技術、染織デザイン、インテリア計画、インテリア装備、インテリアエレメント生産、デザイン実践、デザイン材料、デザイン史
商業	ビジネス基礎、課題研究、総合実践、ビジネス・コミュニケーション、マーケティング、商品開発と流通、観光ビジネス、ビジネス・マネジメント、グローバル経済、ビジネス法規、簿記、財務会計Ⅰ、財務会計Ⅱ、原価計算、管理会計、情報処理、ソフトウェア活用、プログラミング、ネットワーク活用、ネットワーク管理
水産	水産海洋基礎、課題研究、総合実習、海洋情報技術、水産海洋科学、漁業、航海・計器、船舶運用、船用機関、機械設計工作、電気理論、移動体通信工学、海洋通信技術、資源増殖、海洋生物、海洋環境、小型船舶、食品製造、食品管理、水産流通、ダイビング、マリンスポーツ
家庭	生活産業基礎、課題研究、生活産業情報、消費生活、保育基礎、保育実践、生活と福祉、住生活デザイン、服飾文化、ファッション造形基礎、ファッション造形、ファッションデザイン、服飾手芸、フードデザイン、食文化、調理、栄養、食品、食品衛生、公衆衛生、総合調理実習
看護	基礎看護、人体の構造と機能、疾病の成り立ちと回復の促進、健康支援と社会保障制度、成人看護、老年看護、小児看護、母性看護、精神看護、在宅看護、看護の統合と実践、看護臨地実習、看護情報

情報	情報産業と社会、課題研究、情報の表現と管理、情報テクノロジー、情報セキュリティ、情報システムのプログラミング、ネットワークシステム、データベース、情報デザイン、コンテンツの制作と発信、メディアとサービス、情報実習
福祉	社会福祉基礎、介護福祉基礎、コミュニケーション技術、生活支援技術、介護過程、介護総合演習、介護実習、こころとからだの理解、福祉情報
理数	理数数学 I 、理数数学 II 、理数数学特論、理数物理、理数化学、理数生物、理数地学
体育	スポーツ概論、スポーツ I 、スポーツ II 、スポーツ III 、スポーツ IV 、スポーツ V 、スポーツ VI 、スポーツ総合演習
音楽	音楽理論、音楽史、演奏研究、ソルフェージュ、声楽、器楽、作曲、鑑賞研究
美術	美術概論、美術史、鑑賞研究、素描、構成、絵画、版画、彫刻、ビジュアルデザイン、クラフトデザイン、情報メディアデザイン、映像表現、環境造形
英語	総合英語 I 、総合英語 II 、総合英語 III 、ディベート・ディスカッション I 、ディベート・ディスカッション II 、エッセイライティング I 、エッセイライティング II

備考
一　（一）及び（二）の表の上欄に掲げる各教科について、それぞれの表の下欄に掲げる各教科に属する科目以外の科目を設けることができる。
二　（一）及び（二）の表の上欄に掲げる各教科以外の教科及び当該教科に関する科目を設けることができる。

　通信教育を実施する科目等の目標は、指導要領に定められる科目等の目標を踏まえつつ、各学校で育成を目指す資質・能力の観点から記載することが望まれる。指導要領改訂（平成 30 年 3 月）では、育成を目指す資質・能力について、「知識・技能」の習得、「思考力・判断力・表現力等」の育成、「学びに向かう力、人間性等」の涵養、といった三つの柱に整理するとともに、指導要領に定められる各教科・科目等の目標や内容について、こうした資質・能力の観点から再整理して示している。通信教育を実施する科目等の目

標を記載するにあたっても、生徒の発達の段階や特性等を踏まえながら、資質・能力の三つの柱の育成がバランスよく実現できるよう留意して記載することが望まれる。

（イ） 通信教育の方法及び内容並びに年間の通信教育の計画に関すること（第 4 条の 3 第 2 号）

本条第 2 号では、通信教育を実施する科目等ごとに、その教育方法及び内容、並びに一年間の通信教育の計画に関することを、通信教育実施計画に記載するものとすると定めている。

通信教育実施計画に記載するにあたっては、通信教育の方法、内容、年間計画、それぞれについて相互に関連付けながら記載することが求められる。これら相互の関係を分かりやすく示すには、たとえば、添削指導、面接指導及び試験といった通信教育の方法ごとに、取り扱う単元などの具体的な実施内容とともに、添削課題の提出日、面接指導の実施日及び試験の実施日などの具体的な年間計画を記載することなどが考えられる。これらに加えて、メディア指導を行う場合には、同様に、その実施方法、実施内容、年間計画を分かりやすく記載することが求められる。

近年では、合宿等を伴って特定時期に集中的に面接指導等を行う、いわゆる集中スクーリングを実施する学校が少なからず見受けられる。集中スクーリングを予定する場合には、生徒に実施地までの遠距離の移動を伴うとともに、その期間中には長時間にわたり拘束を伴うものが多くある。このため、通信教育実施計画において、面接指導の実施方法として集中スクーリングにより実施する予定である旨とともに、その実施内容及びその実施スケジュールを具体的に記載して、生徒に誤解が生じることがないよう適切に明示することが望まれる[57]。また、生徒が属する通信教育連携協力施設ごとに、参加することができる集中スクーリングの日程の選択肢があらかじめ決まっている場合には、自ら属する通信教育連携協力施設に応じて、どの日程の集中スクーリングに参加することができるかについて、生徒が容易に理解することができるよう工夫して作成することが期待される。

　なお、株式会社立の通信制高等学校にあっては、構造改革特区制度の趣旨を踏まえ、面接指導等を実施する場合には、構造改革特別区域計画に記載された構造改革特別区域の区域内において行われる必要がある[58]。すなわち、

---

[57] 集中スクーリングで実施する面接指導の時間数は、生徒及び教職員の健康面への影響や指導面の効果を踏まえ、過度に長時間にわたることがないように留意する必要がある。ガイドライン「2(3) 面接指導及びその評価」では、「⑧　合宿等を伴って特定時期に集中的に行う面接指導（いわゆる集中スクーリング）の実施を計画する場合には、生徒及び教職員の健康面や指導面の効果を考慮して、例えば 8 時 30 分から 17 時 15 分までとしたり、多くとも 1 日当たり 8 単位時間までを目安に設置したりするなど、1 日に実施する面接指導の時間数を適切に定めること。なお、オリエンテーションなどの面接指導以外の活動をその時間の前後に位置付けることを妨げるものではないが、生徒及び教職員の健康面には十分に配慮すること」が示されている。

[58] 内閣府構造改革特区担当室「株式会社立通信制高校に係る特定事業に関する取扱いについて（通知）」（平成 18 年 8 月 1 日）では「構造改革特区制度は、構造改革特別区域法（以下「特区法」という。）に基づき、地域の活性化を図るために、地方公共団体が地域の特性に応じて構造改革特別区域計画（以下「特区計画」という。）を作成し、内閣総理大臣の認定を受けることによって、特例措置を活用した特定事業を実施することを認める制度であります。したがって、株式会社立通信制高校に係る特定事業についても、当該高等学校が行う教育について、当該計画に記載された構造改革特別区域において特別の事情に対応するための教育を行うものとして特区計画を認定したものであります。しかしながら、調査の結果、関係者の誤解等によって面接指導等が認定特区計画に記載された区域の区域外で行われている場合も見受けられるところであります。そのような面接指導は、認定特区計画に基づいているものではないため、特区法における特定事業として、第 12 条（学校教育法の特例）に基づく規制の特例措置の適用を受けません。従って、面接指導は認定構造改革特別区域の区域内で行われる必要があることに御留意の程願いします。」と示されている。さらには、「特区において講じられた規制の特例措置のあり方に係る評価・調査委員会の評価意見に関する今後の政府の対応方針」（平成 24 年 8 月 21 日構造改革特別区域推進本部決定）の是正決定を踏まえ、内閣府地域活性化推進室長「学校設置会社による学校設置事業に関する取扱いについて（通知）」（平成 24 年 10 月 5 日・府地活第 265 号）では「特区法第 12 条に規定する特例措置の適用を受けて学校設置会社が設置する高等学校が通信制の課程で行う教育として面接指導等（高等学校通信教育規程（昭和 37 年文部省令第 32 号）第 2 条第 1 項に規定する添削指導、面接指導及び試験を

当該構造改革特別区域の区域外に設けられる通信教育連携協力施設においては、原則として面接指導等を実施することは認められていない。通信教育実施計画の作成にあたっては、こうした面接指導等の実施場所についても、生徒や保護者らに誤解を招くことがないよう工夫することが望まれる。

（ウ） 学習の成果に係る評価及び単位の修得の認定に当たっての基準に関すること（第 4 条の 3 第 3 号）

本条第 3 号では、通信教育を実施する科目等ごとの学習の成果に係る評価及び単位の修得の認定にあたっての基準に関することを、通信教育実施計画に記載するものとすると定めている。

通信教育を実施する科目等の学習評価については、資質・能力の三つの柱で再整理された指導要領の下での指導と評価の一体化を推進する観点から、「知識・技能」、「思考・判断・表現」、「主体的に学習に取り組む態度」といった 3 観点から設定することが適切である[59]。その際、「学びに向かう力・人間性等」に示された資質・能力との関係は、「主体的に学習に取り組む態度」として観点別学習状況の評価（学習状況を分析的に捉える）を通じて見取ることができる部分と、観点別学習状況の評価には馴染まず、個人内評価（個人のよい点や可能性、進歩の状況について評価する）を通じて見取る部分があることに留意する必要がある。

また、資質・能力のバランスのとれた学習評価を行っていくためには、指導と評価の一体化を図る中で、論述やレポートの作成、発表、グループでの話し合い、作品の制作等といった多様な活動に取り組ませるパフォーマンス

いう。）を行う場合、当該面接指導等は認定計画に記載された構造改革特別区域の区域内において行われる必要があること。」が改めて示されている。

[59] 平成 31 年 3 月 29 日付け文部科学省初等中等教育局長通知「小学校、中学校、高等学校及び特別支援学校等における児童生徒の学習評価及び指導要録の改善等について（通知）」参照。通信制高等学校であっても同様に対象となるものであり、例えば、同通知付属の「高等学校（通信制の課程）生徒指導要録（参考様式）」では、各教科・科目等の学習の記録欄に、観点別学習状況の評価に係る記載欄が設けられている。

評価などを取り入れ、ペーパーテストの結果にとどまらない、多面的・多角的な評価を行っていくことが肝要である。さらには、試験の方法を通じた総括的な評価のみならず、一人一人の学びの多様性に応じて、学習の過程における形成的な評価を行い、生徒の資質・能力がどのように伸びているかを、たとえば、日々の記録やポートフォリオ等を通じて、生徒自身が把握できるようにしていくことも考えられる。

(5) 通信教育規程第 10 条の 2 （通信教育連携協力施設の編制、施設及び設備）

（通信教育連携協力施設の編制、施設及び設備）

第十条の二　面接指導等実施施設の編制、施設及び設備は、当該面接指導等実施施設に係る学校又は施設の種類、連携協力の内容及びその定員その他の事情を勘案し、前六条に定める基準に照らして、面接指導又は試験等の実施について適切に連携協力を行うことができるものでなければならない。

2　学習等支援施設の施設及び設備等は、教育上及び安全上支障がないものでなければならない。

3　実施校の設置者は、第三条第一項の規定により通信教育連携協力施設を設ける場合には、当該通信教育連携協力施設が前二項の基準に適合することについて、確認を行うものとする。この場合において、当該通信教育連携協力施設が実施校の存する都道府県の区域外に所在するときは、その所在地の都道府県知事が定める高等学校の通信制の課程の設置の認可に係る基準（当該基準が定められていないとき又は公表されていないときを除く。）を参酌して当該確認を行わなければならない。

ア．改正の概要

　令和 3 年改正では、サテライト施設の教育水準を確保する観点から、サテライト施設を意味する法令上の概念として「通信教育連携協力施設」との用語を新たに設け、その法的な位置付けを明確化する（通信教育規程第 3 条）とともに、サテライト施設を規律するための各種規定を定めている。本条は、こうした規定の一つとして新設されるものである。

　具体的には、通信教育連携協力施設が備えるべき編制、施設及び設備の基準を定めるとともに、実施校の設置者は、通信教育連携協力施設を設ける場合には、その基準に適合することについて、確認を行わなければならないと定めている。

　通信教育連携協力施設が備えるべき編制、施設及び設備の基準としては、通信教育連携協力施設の類型（面接指導等実施施設又は学習等支援施設）ごと

に、その基本的な考え方を定めている（本条2第1項及び第2項）。まず、面接指導等実施施設については、当該面接指導等実施施設に係る学校又は施設の種類、連携協力の内容及びその定員その他の事情を勘案し、実施校の本校に適用される基準（通信教育規程第5条から第10条までに定める基準）に照らして、面接指導又は試験等の実施について適切に連携協力を行うことができるものでなければならない（本条第1項）。次に、学習等支援施設については、教育上及び安全上支障がないものでなければならない（本条第2項）。

また、実施校の設置者は、こうした確認を行うにあたり、当該通信教育連携協力施設が、実施校の存する都道府県の区域外に所在するときは、その所在地の都道府県知事が定める認可基準を参酌して、その確認を行わなければならない（本条第3項後段）。

イ．改正の背景

（ア）サテライト施設が備えるべき教育環境

学校教育は、学校教育法に基づき設置された学校が、その実施にふさわしい教育環境下で実施するものである。通信教育もれっきとした学校教育であるから、サテライト施設と連携協力して通信教育をする場合にも、学校教育であることを自覚し、その実施にふさわしい教育環境下で、量・質ともに十分な教育を受けられることが確保されなければならない。

しかし、サテライト施設の教育環境をめぐっては、様々な課題が明らかとなっており、高等学校教育を担うにふさわしい教育環境が確保されているのかどうかは疑わしい状況が見受けられる（▶▶「第1章2(1) 問題の所在」参照）。学校教育たる通信教育を実施する上で使用する以上、サテライト施設についても、学校教育法制度の趣旨及び内容に則って、適切な教育環境が保障されなければならない。

サテライト施設の中でも、とりわけ面接指導等実施施設については、通信教育の基幹的部分たる面接指導等を実施する場となるとともに、生徒が実施校の本校に登校せずとも、面接指導等実施施設を主たる活動拠点として入学から卒業までの教育を受けることもあり、実施校の本校と同程度に重要な役

割を担っている。これを踏まえれば、面接指導等実施施設は、その実情に応じながらも、実施校の本校と同等の教育環境が整備されなければならないと考えるのが適当である。

　文部科学省においては、面接指導等実施施設の教育環境の向上に向けて、これまでも様々な施策が講じられてきた。平成28年（2016年）9月には、各通信制高等学校や所轄庁が参照すべき指針として「高等学校通信教育の質の確保・向上のためのガイドライン」[60]が策定され、面接指導等実施施設との適切な連携協力関係を確保する上で留意すべき点が示されている。また、平成30年（2018年）3月には、施行規則が改正され（平成30年文部科学省令第6号）、通信制高等学校の学則には面接指導等実施施設に関する事項を記載することが義務付けられるとともに、私立の広域通信制高等学校は、当該事項に係る学則の変更は所轄庁の認可を要することとなった。

　さらには、こうした改正をより効果的なものとするため、同月には、面接指導等実施施設において求められる最低限の要件を示すものとして「広域通信制高等学校の面接指導等実施施設に係る学則認可にあたって参照すべき指針」[61]や、所轄庁が通信制高等学校に対して指導監督を行う際に特に留意すべき点をまとめた「高等学校通信教育の質の確保・向上のための指導監督マニュアル」[62]が策定されるなど、諸般の取り組みが行われてきた。

　こうした取り組みの結果、各通信制高等学校をはじめとする関係者の努力により、サテライト施設との連携協力関係の適正化やその教育環境の改善に向けた取り組みが徐々に浸透してきた。しかしながら、一部の通信制高等学校においては、依然として、関係法令等に関して本来の趣旨を逸脱した独自

---

[60] 平成28年9月30日付け文部科学省初等中等教育局長「高等学校通信教育の質の確保・向上のためのガイドラインの策定について（通知）」（28文科初第913号）

[61] 平成30年3月27日付け文部科学省初等中等教育局長「学校教育法施行規則の一部を改正する省令の公布について（通知）」（29文科初第1799号）

[62] 平成30年3月28日付け文部科学省初等中等教育局初等中等教育企画課教育制度改革室「『高等学校通信教育の質の確保・向上のための指導監督マニュアル』の送付について」（事務連絡）

の解釈を行っていたり、法令遵守を徹底するという意識や公教育としての高等学校教育を担っている責任の自覚が不十分であったりすることにより、いまだに不適切な学校運営や教育活動等が行われていた。

　また、面接指導等実施施設が備える教育環境は、所轄庁となる都道府県によって大きく差異が生じていた。その背景には、面接指導等実施施設の設置・廃止等に係る学則変更の認可を行うにあたって、その教育環境に関する基準を定める認可基準を策定し、当該認可基準に適合しているか否かを確認する都道府県もあれば、そうでないところもあったことが指摘される。さらには、後に詳述するとおり、改正前の制度下では、たとえ都道府県が認可基準を策定したとしても、当該都道府県内にある全ての面接指導等実施施設に対して、その認可基準が適用されるわけではなく、都道府県が定める認可基準の実効性にも限界があった。

　こうした状況を踏まえ、中央教育審議会等では、国において、面接指導等実施施設が備えるべき教育環境について、当該施設での面接指導等の実施内容やその規模等に応じながら、実施校と同等の教育環境を整備するために必要な措置を講じることが適当とされた。さらには、実施校が所轄の都道府県の区域を越えて面接指導等実施施設を設ける場合には、所轄の都道府県の定める認可基準のみならず、当該施設が所在する都道府県が定める認可基準についても十分に踏まえたものとなる仕組みを検討すべきと付言された[63]。

　令和 3 年改正では、これらを踏まえ、通信教育連携協力施設が備えるべき編制、施設及び設備の基準を定めるとともに、実施校の設置者は、通信教育連携協力施設ごとにその基準に適合することを確認しなければならないとしている。加えて、実施校の設置者がその確認を行うにあたり、通信教育連携協力施設が、実施校の存する都道府県の区域外に所在するときは、その所在地の都道府県知事が定める認可基準を参酌して、その確認を行わなければならないとしている。

---

[63] 中教審答申 56 頁、高校 WG 審議まとめ 56-57 頁、協力者会議審議まとめ 11-13 頁参照。

（イ）面接指導等実施施設に対する各都道府県が定める認可基準の適用

　私立の通信制高等学校の中には、広域通信制高等学校をはじめとして、実施校の本校が所在する都道府県内のみならず、全国的に生徒募集や教育活動等を行い、全国に数多くの面接指導等実施施設を設ける事例も見受けられる。では、このような都道府県をまたいで設けられる面接指導等実施施設に対しては、どの都道府県が設置・廃止等の認可を行い、監督権限を有するのであろうか。

　私立の通信制高等学校の設置・廃止等の認可については、本校が所在する都道府県の知事により行われる（法第 4 条第 1 項第 3 号）。他方で、面接指導等実施施設は、それ自体が学校教育法第 1 条に定める学校（いわゆる一条校）ではない（すなわち法第 4 条第 1 項第 3 号の適用対象となる学校には属さない）から、面接指導等実施施設の設置・廃止等については、都道府県の知事による認可が直接的に必要となるわけではない。

　もっとも、面接指導等実施施設は、実施校の行う通信教育に連携協力して、公教育たる高等学校教育を実施校と一体となって担っているとともに、通信教育を実施する上での教育拠点として重要な役割を果たしていることを踏まえれば、高等学校教育を担うにふさわしい教育水準を維持・確保する必要性は高いといえる。

　改正前の制度では、こうした必要性に鑑み、面接指導等実施施設に関する事項については、実施校の学則記載事項として位置付けることが定められている（改正前の施行規則第 4 条第 2 項第 2 号及び第 3 号）。私立の広域通信制高等学校では、学則変更を行うには所轄庁の認可が必要となる（法第 4 条第 1 項第 3 号・施行令第 23 条第 1 項第 11 号）ところ、上記の定めにより、面接指導等実施施設を設置・廃止等するには必然的に学則変更を行うこととなるから、結果として、面接指導等実施施設の設置・廃止等についても、所轄庁の認可・監督権限が間接的に及ぶこととなっている。

　しかしながら、こうした制度上の建て付けの帰結として、その認可・監督権限を有する主体は、所轄庁、すなわち実施校の本校が所在する都道府県の知事であって、必ずしも面接指導等実施施設が所在する都道府県の知事では

ないこととなっている。面接指導等実施施設の教育活動等を受ける生徒としては、当該施設が所在する都道府県に住所を有する者となることが通常想定されることを踏まえれば、当該施設の教育環境に最も関心を有するのは、当該施設が所在する都道府県であるはずなのに、当該都道府県の知事は、当該施設の教育環境を維持・確保するための権限を直接に有さないのである。

　では、こうした権限関係は、具体的にどのような課題を生じさせるだろうか。問題の所在を具体的に理解するため、以下では、都道府県Aに所在する教育施設X（校舎面積600平方メートル）が新たに通信制高等学校と連携協力して教育活動を実施することを検討しており、その連携協力を行う候補として、同じく都道府県Aに所在する広域通信制高等学校Yと、都道府県Bに所在する広域通信制高等学校Zとが挙がっている、という仮想事例をもとに考えてみたい。

　教育施設Xが広域通信制高等学校の面接指導等実施施設として位置付けられるためには、上記のとおり、その旨の学則変更に関して所轄庁の認可を得る必要があるから、広域通信制高等学校Yと連携協力を行う場合には、広域通信制高等学校Yの所轄庁である都道府県Aの認可が、広域通信制高等学校Zと連携協力を行う場合には、広域通信制高等学校Zの所轄庁である都道府県Bの認可が、それぞれ必要となる[64]。ここで、都道府県Aと都道府県Bとでは、面接指導等実施施設が備えるべき教育環境の考え方に相違があり、都道府県Aは校舎面積800平方メートル以上の施設が、都道府県Bでは校舎面積400平方メートル以上の施設が、少なくとも必要であるとそれぞれ考え、その水準どおりの認可基準を策定して運用しているとする[65]。この場合には、校舎面積600平方メートルしか有していない教育施設Xは、都道府県Aの認可基準を満たさないものの、都道府県Bの認可基準は満たすことから、教育施設Xは広域通信制高等学校Zと連携協力することとした上で、都道府県Aにおいて面接指導等実施施設として教育活動等を行うことが選択される

---

[64] 教育施設Xと連携協力を行うにあたり、所轄庁の認可を必要とするのは、広域通信制高等学校であって、教育施設Xそのものではないことには留意いただきたい。

こととなる。

　上記仮想事例の考察からは、教育施設Ｘは、その所在する都道府県Ａの認可基準を満たさなくても、認可基準の緩やかな都道府県Ｂに所在する広域通信制高等学校と連携協力することで、都道府県Ａにおいて教育活動等を実施できることがわかる。しかしながら、このように所在する都道府県の認可基準を容易に潜脱することができるとすれば、地方自治の下に、地域の実情等に応じながら、同一都道府県内の教育水準を維持・確保するという、各都道府県が認可基準を定める趣旨が没却されることになるほか、生徒の過当な獲得競争等を招くこととなり、適切ではない。

　令和３年改正では、こうした課題を踏まえ、面接指導等実施施設が備えるべき教育環境の考え方が都道府県に応じて大きく異なってしまうことのないよう、面接指導等実施施設が備えるべき編制、施設及び設備に関する基本的な考え方を明確化している。さらに、面接指導等実施施設を設ける場合には、実施校の設置者は、所轄の都道府県が定める認可基準のみならず、当該施設が所在する都道府県が定める認可基準を参酌して、その適切性を確認しなければならないことを定めている。なお、上記の課題は、面接指導等実施施設に限らず、通信教育連携協力施設にも同様に妥当するから、両者を区別することなく定めている。

　今般の改正を契機としつつ、各都道府県の定める認可基準の在り方に関して、都道府県間の研究協議が進められ、さらなる実務上の連携強化や理解促進が図られることも期待される。また、サテライト施設の在り方に関しては、時代の変化・役割の変化を踏まえ、引き続き議論を要する課題であると考え

---

［65］改正前の通信教育規程では、面接指導等実施施設は「教育上及び安全上支障がない場合」（通信教育規程第11条）に設けることが認められる一方で、これに該当するために必要な量的な基準が全国一律に定められているわけではない。個別具体の施設について「教育上及び安全上支障がない」といえるか否かは、認可権者たる各都道府県等において、地域の実情等を踏まえて適切に判断されることになる。そのため、校舎面積をはじめとする量的基準は、各都道府県に応じて異なるのが実情である。

られるが、まずは今般の改正の趣旨及び内容が実効的なものとなるよう、諸般の取り組みが着実に進められることが望まれよう。

ウ．規定の趣旨及び内容
（ア）面接指導等実施施設が備えるべき編制、施設及び設備に関する基準
（第 10 条の 2 第 1 項）

　本条第 1 項では、面接指導等実施施設の編制、施設及び設備について、当該面接指導等実施施設に係る学校又は施設の種類、連携協力の内容及びその定員その他の事情を勘案し、通信教育規程第 5 条から第 10 条までに定める実施校の本校に関する基準（以下「本校基準」という。）に照らして、面接指導又は試験等の実施について適切に連携協力を行うことができるものでなければならないと定めている。

　面接指導等実施施設については、先に述べたとおり、高等学校通信教育の基幹的部分たる面接指導等を実施する場となるとともに、生徒が実施校の本校に登校せずとも、面接指導等実施施設を主たる活動拠点として入学から卒業までの教育を受けることもあり、実施校の本校と同程度に重要な役割を担っている。したがって、サテライト施設の中でも、とりわけ面接指導等実施施設は、実施校の本校と同等の教育環境が備えられるよう、面接指導等実施施設の編制、施設及び設備に関する基準が定められている。

　「前六条に定める基準」とは、具体的には、第 5 条（教諭の数等）、第 6 条（事務職員の数）、第 7 条（施設及び設備の一般的基準）、第 8 条（校舎の面積）、第 9 条（校舎に備えるべき施設）、第 10 条（校具及び教具）といった本校基準を意味する。これらの本校基準は、面接指導等実施施設に直接適用されるものではないが、「当該面接指導等実施施設に係る学校又は施設の種類、連携協力の内容及びその定員その他の事情」（本条第 1 項）を勘案した上で、個々の本校基準に照らして適切かどうかを確認する必要がある。すなわち、面接指導等実施施設の編制、施設及び設備について、本校基準を全て満たさなければ、ただちに法令違反となるわけではないが、面接指導等実施施設ごとの実情に応じながら、本校と同程度に適切な教育環境が備わっているといえな

ければならない。

　「当該面接指導等実施施設に係る学校又は施設の種類、連携協力の内容及びその定員その他の事情を勘案し」（本条第1項）とは、当該施設の適切性を本校基準に照らして判断するにあたり、当該施設に係る「学校又は施設の種類」「連携協力の内容」「定員」をはじめ、個別具体的な事情を総合的に考慮する趣旨である。

　「学校又は施設の種類」（本条第1項）は、当該施設について、実施校の分校や協力校、大学、専修学校、指定技能教育施設、または、その他の学校又は施設のいずれであるか、といった事情を考慮する趣旨で定められている。たとえば、面接指導等実施施設が実施校の分校や協力校である場合には、その母体たる学校は既に高等学校としての認可を受けている以上、本校基準を満たすことは明らかであるから、当該施設の適切性を肯定することができる。大学、専修学校、指定技能教育施設等の学校又は施設である場合には、その母体たる学校又は施設は、高等学校としての認可は受けていないものの、既に何らかの教育施設として都道府県等の認可や指定を受けて、その監督下で教育を実施していることを踏まえれば、本校基準に照らして適切な教育環境を備えている蓋然性は高いから、当該施設の適切性は比較的肯定しやすいといえる。一方で、これら以外の施設である場合には、原則として、当該施設の適切性は本校基準に照らして厳格に判断しなければならない。

　「連携協力の内容」（本条第1項）は、当該施設について、どのような教科・科目の面接指導等をどの程度連携協力するか、といった事情を考慮する趣旨で定められている。たとえば、理科の面接指導等を実施するための専用施設として設けるのであれば、当該施設の適切性は、理科の面接指導等を実施する上で必要な範囲において判断すればよいといえる。一方で、卒業までに必要な全教科・科目の面接指導等について連携協力する場合には、原則として、当該施設の適切性は本校基準に照らして厳格に判断しなければならない。

　「定員」（本条第1項）とは、通信教育規程第4条第2項で定める定員を意味する。本校基準は240人以上の収容定員を前提とした基準である（通信教育規程第4条第1項）ことから、それとの差異を考慮する趣旨で定められて

いる。たとえば、面接指導等実施施設の定員が240人を上回る場合には、原則として、当該施設の適切性は本校基準に照らして厳格に判断しなければならない一方で、これを下回る場合には、その規模に応じて本校基準を弾力的に捉えた上で判断することも許容される余地がある。もっとも、マンションの一室などを面接指導等実施施設とすることが不適切であることは言うまでもないように、社会通念上一般に公教育を担うにふさわしいといえない施設は、いくら定員に応じて本校基準を弾力的に捉えたとしても、およそ適切性を肯定することはできないというべきである。

　こうした「学校又は施設の種類」「連携協力の内容」「定員」といった事情以外であっても、当該施設の適切性を判断するにあたって考慮すべき特別な事情が存在すれば、「その他の事情」として考慮することができる。もっとも、「その他の事情」として考慮し得る事情を幅広く認めることとすれば、本校基準を下回ることを常態化させ、本条の趣旨を没却させてしまいかねないことから、当該施設の適切性を判断するにあたり真に考慮すべきものかどうかは厳格に判断されなければならない。

　なお、実施校の分校又は協力校以外の学校又は施設を面接指導等実施施設とする場合には、その前提として、「特別の事情があり、かつ、教育上支障がない場合」（通信教育規程第3条第2項ただし書）を満たすことが必要な点に留意する必要がある（▶▶「第2章1(1) 通信教育規程第3条（通信教育連携協力施設）」参照）。

（イ）学習等支援施設が備えるべき施設及び設備等に関する基準（第10条の2 第2項）

　本条第2項では、学習等支援施設の施設及び設備等について、教育上及び安全上支障がないものでなければならないと定めている。

　学習等支援施設については、面接指導や試験の連携協力を行うものではないため、面接指導等実施施設とは異なり、通信制高等学校の本校が最低限備えるべき教育環境と同等以上の教育環境まで必要となるわけではない。とはいえ、たとえば、学習等支援施設の職員が生徒からの学習相談や心身の悩み

に応じたり、教材や添削課題の生徒への配付事務を行ったりするなど、通信教育を実施する上で重要な役割を担うものも多くある。したがって、学習等支援であっても、社会通念上一般に教育上及び安全上支障がないといえることが求められる。

（ウ）通信教育連携協力施設の基準適合性についての確認（第 10 条の 2 第 3 項前段）

本条第 3 項前段では、実施校の設置者が通信教育連携協力施設を設ける場合には、当該通信教育連携協力施設が前 2 項の基準に適合すること（以下「基準適合性」という。）を確認しなければならないと定めている。

通信教育連携協力施設が適合すべき基準は、通信教育連携協力施設の種類（面接指導等実施施設又は学習等支援施設）ごとに定められている（本条第 1 項及び第 2 項）。すなわち、面接指導等実施施設であれば本条第 1 項の基準に、学習等支援施設であれば本条第 2 項の基準に、それぞれ則って確認しなければならない。なお、私立の通信制高等学校にあっては、所轄庁となる都道府県等が通信制高等学校の設置・廃止等に関する認可基準を別途定めている場合には、上記の基準に加えて、当該認可基準にも沿うよう確認を行う必要がある。

「実施校の設置者」（本条第 3 項前段）とは、条文に何ら限定がないように、国立学校、公立学校、学校法人立学校、株式会社立学校、NPO 法人立学校、これらいずれの設置者であるかを問わず、また、広域通信制高等学校の設置者に限られることもなく、通信制高等学校の設置者であれば全てこれに該当する。

「通信教育連携協力施設を設ける場合」（本条第 3 項前段）とは、新たな通信教育連携協力施設の設置と、設置後の維持運営も併せ持つ意味であると解されている[66]。そのため、基準適合性の確認は、新しく通信教育連携協力施設を設ける場面のみならず、現に設けている通信教育連携協力施設を維持運営する間は、定期的に確認を行わなければならない。

なお、基準適合性の確認を行った結果、必要な教育環境が備わっていない

と判断する場合には、所要の改善をしなければならない。改善ができない場合は、実施校の設置者は、当該施設について、設置の取り止めや廃止、あるいは学習等支援施設への変更などを検討することになる。

　また、私立の通信制高等学校を所轄する都道府県等（所轄庁）は、所轄する学校の設置者に対して、通信教育連携協力施設についての基準適合性の状況を把握するため、その確認結果を記載した必要な報告書の提出を求めることができると解される（私立学校法第 6 条）[67]。そして、通信教育連携協力施設が基準適合性を欠く事実が認められる場合には、所轄庁は、当該施設を設ける所轄の通信制高等学校の設置者に対して、改めて基準適合性の確認を行うよう求めるほか、必要に応じて所要の改善を促すための行政指導等を行うことが考えられる。ひるがえって、私立の通信制高等学校の設置者にあっ

---

[66] 文部科学省初等中等教育局長「学校教育法施行規則等の一部を改正する省令等の公布について（通知）」（令和 3 年 3 月 31 日・2 文科初第 2124 号）では、「通信教育規程第 10 条の 2 第 3 項に定める『通信教育連携協力施設を設ける場合』とは、新たな通信教育連携協力施設の設置と設置後の維持運営を併せ持つ意味であることから、通信教育連携協力施設が同条第 1 項及び第 2 項に定める基準に適合することについて、通信教育連携協力施設を新たに設ける場合に確認を行うとともに、設けた後も当該基準に従って適切に維持管理されていることの確認を行うべきであること。また、通信教育連携協力施設を設けた後に、通信教育規程第 4 条第 2 項に規定する通信教育連携協力施設ごとの定員を変更しようとする場合においても、同様に確認を行うこととすること。」が示されている。この点に関して、鈴木「逐条学校教育法」39 頁によれば、学校教育法第 3 条に規定する「設置しなければならない」とは、単に設置の時点においてその基準を充足していればよいというのではなく、設置後もこれに従って学校を維持管理しなければならないという義務を負う趣旨であると解されているところ、通信教育連携協力施設の設置に当たっても同様の趣旨が妥当するといえよう。

[67] 松坂浩史著「逐条解説　私立学校法　改訂版」（2016 年 10 月 11 日、学校経理研究会）では、私立学校法第 6 条について、「報告書の提出を求めることができる事項については、……教育課程や教材、設備など、直接教育にかかわるものに限定するものではなく、学校経営に係る収入支出の状況や、保護者の状況等も含めて、広く学校教育上必要とされる事項の調査等をいうものと解すべきである」とされる。

ては、所轄庁から報告書の提出が求められる可能性があること[68]を踏まえ、基準適合性の確認結果を整理した資料等[69]について、日頃より適切に保存及び管理しておくことが期待される[70]。

（エ）区域外所在施設の場合における所在地認可基準の参酌（第 10 条の 2 第 3 項後段）

本条第 3 項後段では、実施校の設置者は、通信教育連携協力施設の基準適合性についての確認を行うにあたって、当該施設が実施校の存する都道府県の区域外に所在するもの（以下「区域外所在施設」という。）であるときは、その区域外所在施設が所在する都道府県知事が定める通信制高等学校の設置認可に係る基準（以下「所在地認可基準」という。）を参酌して行わなければ

---

[68] 松坂浩史著「逐条解説　私立学校法　改訂版」（2016 年 10 月 11 日、学校経理研究会）では、私立学校法第 6 条の報告義務に違反した場合に関し、「この報告義務に対する違反については、罰則では強制していない。しかしながら、第六十条第一項に規定する措置命令の事由となりうるとともに、学校教育法第十三条第一項による『法令の規定によりその者がした命令に違反したとき』に該当するものとして、閉鎖命令の事由ともなりうることとなる」とされる。そのため、私立の通信制高等学校にあっては、所轄庁の求めにかかわらず報告義務を怠ることとなれば、後行する行政処分が控えていることに留意しておく必要がある。

[69] 基準適合性の確認結果を整理した資料等には、「支障あり」又は「支障なし」といった結論のみでは十分ではなく、通信教育連携協力施設の編制、施設及び設備の客観的な状況とともに、その結論に至った具体的な判断理由を記載することが望まれる。とりわけ面接指導等実施施設に関しては、個々の本校基準に照らして、その編制、施設及び設備はどのような状況であり、どのような理由から適切といえるか、といった事項を少なくとも記載するべきであろう。

[70] ガイドライン「1(3) 通信教育連携協力施設の設置等」では、「⑦　私立の実施校の設置者にあっては、上記⑤の確認を行うに当たって、上記③及び④を踏まえて所轄庁である都道府県又は認定地方公共団体（構造改革特別区域法（平成14 年法律第 189 号）第 12 条第 1 項の認定を受けた地方公共団体をいう。以下同じ。）が具体に定める認可基準を順守して、適切な教育環境が備わっていることを確認するものとすること。また、その具体的な確認内容及び確認結果については、所轄庁である都道府県又は認定地方公共団体からの求めに応じてすみやかに提出することができるよう、適切に保存及び管理すること。」が示されている。

ならないと定めている。

　たとえば、前述の仮想事例、すなわち、都道府県Ａに所在する教育施設Ｘが、都道府県Ｂに所在する広域通信制高等学校Ｚと連携協力する、という設定に基づけば、令和３年改正後では、広域通信制高等学校Ｚの設置者（実施校の設置者）は、教育施設Ｘ（区域外所在施設）と連携協力するときは、教育施設Ｘが所在する都道府県Ａの認可基準（所在地認可基準）を参酌して、教育施設Ｘの基準適合性についての確認を行わなければならないこととなる。

　所在地認可基準を「参酌」（本条第３項後段）するとは、「比べて参考にすること」[71]という「参酌」の一般的な語義を踏まえれば、区域外所在施設の編制、施設及び設備について、所在地認可基準と比較した上で、その比較結果を当該施設の適切性を判断するにあたり参考にすることを意味する。実施校の設置者としては、所在地認可基準は地域の実情を色濃く反映するものであることを踏まえ、これを十分に尊重して、当該施設の適切性の判断に比較結果を真摯に活かしていくことが重要である。なお、所轄庁は、所轄する学校の設置者に対して、上記（ウ）において述べたのと同様に、区域外所在施設について、所在地認可基準を参酌した結果を記載した必要な報告書の提出を求めることができると解される。

　なお、所在地認可基準は、区域外所在施設が所在する都道府県において、「定められていないとき又は公表されていないとき」（本条第３項後段括弧書）には参酌する必要はない。したがって、実施校の設置者は、区域外所在施設の基準適合性についての確認を行う際[72]には、当該施設が所在する都道府県のホームページ等を確認して、公表されている所在地認可基準を参酌すれ

---

[71] 新村出編「広辞苑　第七版」岩波書店（2018年）。

[72] 基準適合性の確認は、先に述べたとおり、必ずしも新しく通信教育連携協力施設を設置する場面のみならず、現に連携協力を行う通信教育連携協力施設について維持運営する間は、定期的に確認を行うところ、所在地認可基準の公表の有無は、その確認時点ごとに判断することになる。すなわち、所在地認可基準について、通信教育連携協力施設の設置時点では公表されていなかったとしても、その後の定期的な確認の際に公表されているとすれば、その公表がなされた時点以降の確認においては、当該所在地認可基準を参酌しなければならない。

1（5）通信教育規程第 10 条の 2（通信教育連携協力施設の編制、施設及び設備）

ば足りる。

(6) 通信教育規程第11条（他の学校等の施設及び設備の使用）

> （他の学校等の施設及び設備の使用）
>
> 第十一条　通信教育連携協力施設の施設及び設備を使用する場合並びに第九条第四項に規定する場合のほか、実施校は、特別の事情があり、かつ、教育上及び安全上支障がない場合は、他の学校等の施設及び設備を一時的に使用することができる。

ア．改正の概要

　改正前の通信教育規程第11条は、他の学校等の施設及び設備を使用することができると定め、サテライト施設の設置根拠として捉えられてきた。

> ◆改正前・通信教育規程第11条
>
> （他の学校等の施設及び設備の使用）
>
> 第十一条　実施校は、特別の事情があり、かつ、教育上及び安全上支障がない場合は、他の学校等の施設及び設備を使用することができる。

　令和3年改正では、サテライト施設の設置根拠は通信教育規程第3条（通信教育連携協力施設）に括り出されることとなったため、これまでサテライト施設の設置根拠と捉えられてきた本条は、他の学校等の施設及び設備を「一時的に」使用する場合の規律を定めるものへと改正され、両者のすみ分けが図られている（▶▶「第2章1 (1) 通信教育規程第3条（通信教育連携協力施設）」参照）。

イ．規定の趣旨及び内容

　本条では、実施校は、通信教育連携協力施設の施設及び設備を使用する場合（通信教育規程第3条第1項）や同一敷地内・隣接敷地内の他の学校等の施設及び設備を使用する場合（通信教育規程第9条第4項）のほか、特別の事情があり、かつ、教育上及び安全上支障がない場合は、他の学校等の施設及び設備を一時的に使用することができると定めている。

　「特別の事情があり、かつ、教育上及び安全上支障がない場合」（本条）に

該当するには、従前のとおり、①生徒の通学可能区域に本校がなく、かつ、協力校を設けることができない等の「特別の事情」があること、②大学・短期大学、専修学校、指定技能教育施設等の教育活動に適した施設を使用する等の「教育上及び安全上支障がない」こと、といった観点をいずれも満たさなければならないと解される（▶▶「第2章1(1)イ（イ）サテライト施設の法的位置付けの変遷」参照）。

「一時的に使用する」（本条）ものとしては、たとえば、近隣のスポーツセンター等の施設及び設備を体育の面接指導に限って使用する場合や、音楽の面接指導において有名ピアニストによる特別講義を交えた指導を行うために、その指導場面に限って地域の文化会館等の音楽ホールを使用する場合などが該当すると考えられる。このほかにも、自然災害等の影響で通常使用していた校舎が倒壊した際に、暫定的に他の学校等の施設及び設備を使用する場合なども該当し得ると考えられる。

なお、本条に基づき一時的に使用する施設及び設備は、通信教育連携協力施設である必要はないから、通信教育連携協力施設を規律するための各種規程（通信教育規程第4条第2項及び第10条の2等）の適用を受けるものではない。したがって、通信教育連携協力施設とは異なり、施設及び設備の使用に先立って、学則に記載したり基準適合性の確認を行ったりする必要はない。

(7) 通信教育規程第12条（定時制の課程又は他の通信制の課程との併修）

（定時制の課程又は他の通信制の課程との併修）

第十二条　実施校の校長は、当該実施校の通信制の課程の生徒が、当該校長の定めるところにより当該高等学校の定時制の課程又は他の高等学校（中等教育学校の後期課程を含む。）の定時制の課程若しくは通信制の課程において一部の科目又は総合的な探究の時間の単位を修得したときは、当該修得した単位数を当該実施校が定めた全課程の修了を認めるに必要な単位数のうちに加えることができる。

2　定時制の課程を置く高等学校の校長は、当該高等学校の定時制の課程の生徒が、当該校長の定めるところにより当該高等学校の通信制の課程又は他の高等学校（中等教育学校の後期課程を含む。）の通信制の課程において一部の科目又は総合的な探究の時間の単位を修得したときは、当該修得した単位数を当該定時制の課程を置く高等学校が定めた全課程の修了を認めるに必要な単位数のうちに加えることができる。

3　前二項の規定により、高等学校の通信制の課程又は定時制の課程の生徒（以下この項において単に「生徒」という。）が当該高等学校の定時制の課程若しくは通信制の課程又は他の高等学校（中等教育学校の後期課程を含む。以下この項において同じ。）の定時制の課程若しくは通信制の課程において一部の科目又は総合的な探究の時間の単位を修得する場合においては、当該生徒が一部の科目又は総合的な探究の時間の単位を修得しようとする課程を置く高等学校の校長は、当該生徒について一部の科目又は総合的な探究の時間の履修を許可することができる。

4　第一項又は第二項の場合においては、学校教育法施行規則第九十七条の規定は適用しない。

　本条は、定時制・通信制課程の間で行う併修に関し、生徒が他の課程で修得した単位数について、校長の判断により、当該生徒の在籍する課程を卒業するために必要な単位数に含めることができること（いわゆる定通併修制度）を定めている。

　具体的には、通信制課程の生徒が、自校の定時制課程又は他校の定時制・

通信制課程において一部科目等の単位を修得した場合 (本条第 1 項)、定時制課程の生徒が、自校の通信制課程又は他校の通信制課程において一部科目等の単位を修得した場合 (本条第 2 項)、それぞれ在籍校の校長の定めるところにより、その単位数を在籍校の卒業に必要な単位数に含めることができる。

令和 3 年改正では、教育課程を構成する「科目」のみならず、「総合的な探究の時間」も定通併修制度の対象となることが明確化されている。なお、改正の背景は、施行規則第 97 条 (学校間連携による単位認定) の改正と同様である (▶▶「第 2 章 2(4) 施行規則第 97 条 (学校間連携による単位認定)」参照)。

(8) 通信教育規程第 13 条（通信教育連携協力施設における連携協力の状況の評価）

> （通信教育連携協力施設における連携協力の状況の評価）
>
> 第十三条　実施校は、第三条第一項の規定により通信教育連携協力施設を設ける場合においては、通信教育連携協力施設ごとに、当該通信教育連携協力施設における連携協力に係る活動の状況について評価を行い、その結果を公表するものとする。
>
> 2　実施校は、前項の規定による評価の結果を踏まえた当該通信教育連携協力施設において通信教育を受ける生徒の保護者その他の当該通信教育連携協力施設の関係者（当該実施校及び当該通信教育連携協力施設の職員を除く。）による評価を行い、その結果を公表するよう努めるものとする。
>
> 3　実施校は、第一項の規定による評価の結果及び前項の規定により評価を行つた場合はその結果を、当該実施校の設置者に報告するとともに、これらの結果に基づき、当該通信教育連携協力施設における連携協力に係る活動の改善を図るため必要な措置を講ずるものとする。

ア．改正の概要

令和3年改正では、学校運営改善の推進を図るため、本条を新設している。具体的には、実施校は、通信教育連携協力施設を設ける場合には、通信教育連携協力施設ごとに、その連携協力に係る活動の状況について、自己評価の実施・公表を行い、学校関係者評価の実施・公表に努めるものとすることを定めている（本条第1項及び第2項）。また、その評価結果に基づき、連携協力に係る活動の改善を図るために必要な措置を講ずるものとすることを定めている（本条第3項）。

イ．改正の背景

学校の裁量が拡大し、その自主性・自律性が高まる中においては、その教育活動等の成果を検証し、必要な支援・改善を行うことにより、生徒がより良い教育活動等を享受できるよう学校運営の改善と発展を促すとともに、学

校が保護者や地域住民からの信頼に応え、家庭や地域等と連携協力して生徒の健やかな成長を図っていくことが重要である。こうした観点から、学校教育法は、各学校において、自らの教育活動や学校運営について、目指すべき目標を設定し、その達成状況や達成に向けた取り組みの適切さ等について評価を行い、組織的・継続的に学校運営の改善を図ることにより、その教育水準の向上に努めるものとすることを定めている (法第 42 条及び第 62 条)。

　具体的には、各学校においては、自己評価の実施及びその結果の公表をする (施行規則第 66 条第 1 項) とともに、自己評価の結果に基づき学校関係者評価の実施及びその結果の公表に努めなければならない (施行規則第 67 条) ことが定められている。また、その実施にあたっては、各学校の置かれた状況は様々であることから、各学校の実情に応じ、その評価項目を適切に設定して行うとされている (施行規則第 66 条第 2 項)。これらの学校評価制度は高等学校にも適用され (施行規則第 104 条第 1 項)、通信制高等学校もその例外ではない。

　では、通信制高等学校においては、学校評価制度をどのように運用すべきであろうか。とりわけ、多種多様なサテライト施設を設け、通信教育を広域に展開する学校も多く存在するところ、こうした通信制課程固有の実情をどのように加味して、評価項目を設定するのが適当であろうか。

　学校評価制度の趣旨は、自らの教育活動や学校運営等について、目標 (Plan) −実行 (Do) −評価 (Check) −改善 (Action) という PDCA サイクルに基づき、組織的・継続的に学校運営の改善を図ることにより、その教育水準を維持・向上させていくことにある。こうした趣旨を踏まえれば、学校評価は、主体的な改善活動につながるよう、組織的・継続的に行われる教育活動や学校運営等のまとまりごとに実施するべきものと解される。そして、通信制高等学校が設けるサテライト施設は、本校から離れた位置に所在して、サテライト施設ごとにその教育活動や運営等の状況は様々であるから、サテライト施設ごとのまとまりを単位として学校評価を実施するのが、その制度趣旨にかなうといえる。

　しかしながら、点検調査で確認される事例の中には、学校評価制度の趣旨

に則って、サテライト施設ごとにその教育活動等を評価するものが見られないばかりか、そもそも、サテライト施設において実施校と連携協力して行うはずの面接指導等について、その実施をサテライト施設に全て委ねてしまい、実施校が適切に把握・管理できていない実態すら一部にあったことが報告されている。

　こうした状況を踏まえ、中央教育審議会等では、実施校がサテライト施設と連携協力して行う活動については、まずもって実施校の責任として、教育水準の確保・向上を図ることが適当とされた[73]。具体的には、実施校は、サテライト施設との取り決め等に基づき連携協力して行う面接指導や学習支援等の活動について、実地調査や連絡会議の実施・開催等を通じて、その活動状況等を把握・管理するとともに、それらの情報を実施校の責任下で公開すること等の対応方策が示された。

　令和 3 年改正では、これらを踏まえ、サテライト施設ごとの教育活動や運営等の状況について、実施校が適切に把握・管理するとともに、主体的な改善活動を通じて、その教育水準の確保・向上に資するものとなるよう、サテライト施設を設ける場合における学校評価の取り扱いに関する規定を新たに設け、その解釈を明確化している。

ウ．規定の趣旨及び内容

（ア）通信教育連携協力施設を設ける場合の自己評価の取り扱い（第 13 条第 1 項）

　本条第 1 項では、通信教育連携協力施設を設ける場合には、実施校が、通信教育連携協力施設ごとに、当該施設と連携協力を行う活動の状況について評価を行い、その結果を公表することを定めている。いわゆる自己評価の実施及びその結果の公表について、実施校は、通信教育連携協力施設ごとに行う必要があることを明確化している。

　本条第 1 項に基づく評価の実施は、学校評価制度の運用にならい、少なく

---

[73] 高校 WG 審議まとめ 56-59 頁、協力者会議審議まとめ 12・14-17 頁参照。

とも1年度間に1回は実施することを目安としつつ、各学校や通信教育連携協力施設等の実情に応じて、教育活動の区切りとなる適切な時期に行うことが望まれる。その際には、たとえば、各サテライト施設への実地調査や連絡会議の実施・開催等を通じて、連携協力を行う活動の状況を定期的に把握・管理し、評価へとつなげていくことなどが考えられる。

　本条第1項に基づく評価結果の公表は、それを踏まえた今後の改善方策とともに、広く保護者や地域住民等に公表することが期待される。なお、通信教育連携協力施設を地域に開かれたものとする観点からは、学校公開を実施したり、学校便りや学校ホームページ等により広く公表したりすることを通じて、PDCAサイクルを進める様々な取り組み（たとえば、面接指導や学習支援等の改善に向けた取り組み、学校行事、各種アンケート結果、研修・校内研究の状況、中間的な自己評価の結果など）を随時公表することも考えられる。

　本条第1項に基づく評価の対象は、「通信教育連携協力施設における連携協力に係る活動の状況」（本条第1項）である。すなわち、実施校の行う面接指導や試験等への連携協力をはじめとして、生徒の進路選択及び心身の健康等に係る相談、添削指導に附帯する事務、その他の学習活動等の支援への連携協力を含め、実施校と通信教育連携協力施設との取り決め等に基づき、当該施設において連携協力して実施される活動の状況が評価の対象となる。

　なお、実施校との取り決め等によらずに実施される独自の教育活動等については、通信教育連携協力施設において行われるものであっても、実施校と連携協力して実施されるものではないから、本条第1項に基づく評価の対象には含まれない。たとえば、専修学校を面接指導等実施施設とする場合において、当該専修学校が、実施校の行う通信教育への連携協力とは別に、当該専修学校の教育課程として授業等の教育活動を実施するときは、その授業等の教育活動は、当該専修学校が独自に実施するものであり、実施校と連携協力して行われるものではないから、実施校はこれを評価の対象に含める必要はない。

　このほか、本条第1項に基づく評価は、基本的には、学校評価のうち自己評価の在り方と同様に考えることができるため、文部科学省「学校評価ガイ

ドライン［平成 28 年改訂］」（平成 28 年 3 月 22 日）に示される留意点が参考
となる。

（イ）通信教育連携協力施設を設ける場合の学校関係者評価の取り扱い（第 13 条第 2 項）

　本条第 2 項では、自己評価の結果を踏まえた上で、通信教育連携協力施設
の関係者による評価を行い、その結果を公表するよう努めることを定めてい
る。いわゆる学校関係者評価の実施及びその結果の公表について、実施校は、
通信教育連携協力施設ごとに行うよう努める必要があることを明確化してい
る。

　本条第 2 項に基づく評価の主体は、「通信教育連携協力施設の関係者」（本
条第 2 項）であり、たとえば、当該施設において通信教育を受ける生徒の保
護者や、当該施設において実施校と連携協力して行う活動に連携・協働する
関係者などが想定される。なお、実施校や通信教育連携協力施設に属する者
は、実施校と連携協力して行う活動を直接的に担うのであるから、自己評価
を行う主体であって、学校関係者評価を行う主体ではない。そのため、本条
第 2 項に基づく評価の主体からは「当該実施校及び当該通信教育連携協力施
設の職員を除く」（本条第 2 項括弧書）とされている。

　このほか、本条第 2 項に基づく評価は、基本的には、学校評価のうち学校
関係者評価の在り方と同様に考えることができるため、文部科学省「学校評
価ガイドライン［平成 28 年改訂］」（平成 28 年 3 月 22 日）に示される留意点
が参考となる。

（ウ）評価結果の設置者への報告及び改善措置の実施（第 13 条第 3 項）

　本条第 3 項では、実施校は、第 1 項及び第 2 項の評価の結果を、実施校の
設置者に報告することを定めるとともに、その結果に基づき、通信教育連携
協力施設における実施校と連携協力して行う活動の改善を図るため必要な措
置を講ずることを定めている。

　本条第 1 項及び第 2 項に基づく評価を行うにあたっては、報告書の作成自

体が目的化する「評価のための評価」となることなく、今後の改善につながる実効性ある取り組みとすることが重要であり、絶えずその点を意識しておく必要がある。

　本条第1項及び第2項に基づく評価の結果を実施校の設置者に報告するにあたっては、学校評価制度の運用にならい、報告書を提出する方法により行われることが念頭に置かれる。報告書には、評価の結果に加えて、それを踏まえた今後の改善方策について併せて記載することが適当である。

　なお、自己評価及び学校関係者評価のほかにも、学校に直接関わりを持たない専門家等が、自己評価及び学校関係者評価の結果等も資料として活用しつつ、連携協力に係る活動その他の運営状況全般について、専門的かつ客観的な立場から評価を行う「第三者評価」の実施を行うことも考えられる。第三者の視点から評価を実施することによって、自らの状況を客観的に見ることができるとともに、現状の課題とそれに対する改善方策が明確となり、具体的な運営改善に向けた取り組みが進むことなどの効果が期待されよう。

(9) 通信教育規程第 14 条（情報の公表）

（情報の公表）

第十四条　実施校は、次に掲げる教育活動等の状況（第四号から第九号までに掲げる事項にあつては、通信教育連携協力施設ごとの当該教育活動等の状況を含む。）についての情報を公表するものとする。

一　学科の組織並びに学科及び通信教育連携協力施設ごとの定員に関すること。

二　通信教育を行う区域に関すること。

三　通信教育連携協力施設ごとの名称及び位置に関すること。

四　教員及び職員の数その他教職員組織に関すること。

五　入学、退学、転学、休学及び卒業に関すること（入学者の数、在籍する生徒の数、退学若しくは転学又は卒業した者の数並びに進学者数及び就職者数その他進学及び就職等の状況を含む。）。

六　通信教育実施計画に関すること。

七　校地、校舎等の施設及び設備その他の生徒の教育環境に関すること。

八　授業料、入学料その他の費用徴収に関すること。

九　生徒の学習活動、進路選択及び心身の健康等に係る支援に関すること。

2　前項の規定による情報の公表は、適切な体制を整えた上で、刊行物への掲載、インターネットの利用その他広く周知を図ることができる方法によつて行うものとする。

ア．改正の概要

　令和 3 年改正では、学校運営改善の推進を図るため、本条を新設している。具体的には、実施校は、通信教育連携協力施設ごとの教育活動等の状況を含め、以下①から⑨までに掲げる教育活動等の基本的な状況についての情報を公表するものとすることを定めている。

　①学科の組織、学科・通信教育連携協力施設ごとの定員に関すること

　②通信教育を行う区域に関すること

③通信教育連携協力施設ごとの名称・位置に関すること

④教員・職員の数その他教職員組織に関すること

⑤入学、退学、転学、休学及び卒業に関すること（入学者数、在籍生徒数、退学・転学者数、卒業者数、卒業後の進路状況を含む。）

⑥通信教育実施計画に関すること

⑦校地、校舎等の施設・設備その他の生徒の教育環境に関すること

⑧授業料、入学料その他の費用徴収に関すること

⑨生徒の学習活動、進路選択及び心身の健康等に係る支援に関すること

イ. 改正の背景

　学校の裁量が拡大し、その自主性・自律性が高まる中においては、公的な教育機関として、教育活動その他の学校運営の状況に関して、その説明責任を果たし、保護者や地域住民等と課題等を共有するとともに、家庭や地域等との連携協力を推進していくことが期待されている。こうした観点から、学校教育法は、学校が、保護者や地域住民等の理解を深め、家庭や地域等との連携協力を推進するため、当該学校の教育活動その他の学校運営の状況に関する情報を積極的に提供することを定めている（法第43条）[74]。こうした情報提供制度は、高等学校にも適用され（法第62条）、通信制高等学校もその例外ではない。

　また、通信制高等学校では、近年、たとえば、オンライン授業等を組み込んだメディア指導や、合宿等を伴って特定時期に集中的に行う面接指導（いわゆる集中スクーリング）が実施されるなど、その教育の在り方は多様化している。さらには、地理的・時間的制約を超えて教育を実施できるという特性を活かし、本校以外にも多種多様なサテライト施設を設け、広域に教育を展開するなど、その運営の在り方も多様化している。

---

[74] 鈴木「逐条学校教育法」420頁によれば、学校教育法第43条は、学校からの情報提供の必要性・重要性を理念的に規定するものであり、具体的な情報提供の内容は、それぞれの学校や地域の状況等に応じて、各学校が判断すべきものと解されている。

　こうした多様化の進展は、生徒の多様な学習ニーズに応じたきめ細かな教育の実現に資する一方で、多様であるからこそ、個々の通信制高等学校がどのような教育活動・学校運営を行っているのかが分かりづらくなっていることも否めない。加えて、地理的・時間的制約を超えて教育を実施できるという特性は、その反面として、その活動実態が外形的に不透明となりやすく、また、通信制課程と全日制・定時制課程との制度的な相違も相まって、通信制高等学校への入学を検討する生徒・保護者や地域住民等からの理解が深まりづらい面がある。

　こうした状況を踏まえ、中央教育審議会等では、公的な教育機関として社会への説明責任を果たし、外部から適切な評価を受けながら教育水準の向上を図る観点から、教育課程や通信教育実施計画に関すること、教師数や教師一人当たり生徒数に関する情報、在籍者数・入学者数・卒業生の進路状況及び中途退学者等に関する情報、施設及び設備その他の教育環境に関する情報、学習相談や教育相談等の体制に関する情報など、通信制高等学校の教育活動の基本的な状況について、各通信制高等学校に情報の公開を求めることが適当であるとした[75]。

　情報の公開を通じては、学校と家庭や地域等とが互いに協働して地域と一体となった特色ある学校づくりが推進されたり、通信制高等学校への入学を検討する生徒や保護者らが自らのニーズにあった指導や支援を受けられる学校を選択しやくなったりすることが期待される。また、仮にサテライト施設において不適切な教育活動等が疑われる場合には、公開される基礎情報を参照しながら、当該施設の所在する都道府県と所轄の都道府県等とが一層の連携を図ることが可能となり、通信制高等学校で学ぶ生徒に不利益が生じないような迅速かつ適切なサポートの実現にも資すると考えられる。

　令和 3 年改正では、これらを踏まえ、通信制高等学校の情報公表において、サテライト施設ごとの教育活動等の状況を含め、学校の基本的情報が公表さ

---

[75]　中教審答申 56 頁、高校 WG 審議まとめ 57-59 頁、協力者会議審議まとめ 14-17
　　頁参照。

れるものとなるよう、情報公表の取り扱いに関する規定を設け、その解釈を明確化している。

ウ．規定の趣旨及び内容

（ア）教育活動等の状況についての情報公表（第 14 条第 1 項）

本条第 1 項では、実施校は、以下①から⑨までに述べる教育活動等の基本的な状況についての情報を公表するものとすることを定めている。

このうち④から⑨までの事項にあっては、通信教育連携協力施設ごとの教育活動等の状況を含めて公表しなければならない（本条第 1 項柱書括弧書）。なお、①及び③に関する事項のうち、「通信教育連携協力施設ごとの定員に関すること」（本条第 1 項第 1 号）及び「通信教育連携協力施設ごとの名称及び位置に関すること」（本条第 1 項第 3 号）についても、条文上明記されるとおり、通信教育連携協力施設ごとの状況を公表しなければならないことに留意する必要がある。

なお、情報公表の対象となる、通信教育連携協力施設ごとの教育活動等の状況については、実施校と通信教育連携協力施設との取り決め等に基づき、両者が連携協力して実施するものに関係を有する範囲に限られると解される。そのため、実施校との取り決め等によらずに実施される独自の教育活動等の状況については、通信教育連携協力施設において行われるものであっても、実施校と連携協力して実施されるものではないから、情報公表の対象に含まれない。たとえば、専修学校を面接指導等実施施設とする場合において、当該専修学校が、実施校の行う通信教育への連携協力とは別に、当該専修学校の教育課程として授業等の教育活動を実施するときは、その授業等のみを受講する生徒、それのみに関与する教職員、それのみに関する実施計画、それのみに使用する施設・設備等、それのみに関する費用徴収、その一環としてのみ行われる生徒指導は、いずれも情報公表の対象として含める必要はない。

①学科の組織、学科・通信教育連携協力施設ごとの定員に関すること（第 14 条第 1 項第 1 号）

本条第 1 項第 1 号では、学科の組織、学科・通信教育連携協力施設ごとの

定員に関することについて、情報公表の対象として定めている。

　「学科の組織」（本条第1項第1号）とは、実施校がどのような学科を設けるものであるか、を意味する。学科とは、一定の教育目標を達成するために、各教科・科目を一つのまとまった教育内容を持つよう系統化を図ったものであり、教育課程を編成する上での、また生徒が履修する上での単位である[76]。具体的には、普通科、農業科、工業科、商業科、水産科、家庭科、看護科、情報科、福祉科など、高等学校設置基準第5条及び第6条に規定される学科をいう。なお、学科の名称は、各学校が定めるスクールポリシーにふさわしい名称を独自につけることができるから（高等学校設置基準第6条の2）、上記に掲げる名称をそのまま用いる必要はない。

　学科よりも細分化した単位として、たとえば、国際教養コース、数理探究コース、地域創生コースなど、教育課程の類型やコースを設置する学校も見られる。これらは必ずしも法的な位置付けを有するものではなく、生徒の能力・適性や興味・関心等の多様性に応じるため、教科・科目等の履修にある程度の構造性と系統性を持たせたものとして、学校の裁量により設置されるものである。教育課程の類型・コースを設ける場合は、「学科」そのものではないものの、これらの情報も併せて公表することが望ましい。

　「学科……ごとの定員」（本条第1項第1号）とは、たとえば、普通科の定員は〇〇名、工業科の定員は〇〇名など、実施校に設置される学科ごとの定員が何名であるか、を意味する。

　「通信教育連携協力施設ごとの定員」（本条第1項第1号）とは、通信教育規程第4条第2項で定める通信教育連携協力施設ごとの定員と同義である（▶▶「第2章1(2) 通信教育規程第4条（通信制の課程の規模）」参照）。

②通信教育を行う区域に関すること（第14条第1項第2号）

　本条第1項第2号では、通信教育を行う区域に関することを情報公表の対象として定めている。

　「通信教育を行う区域」（本条第1項第2号）とは、いずれの都道府県の区

---

[76] 鈴木「逐条学校教育法」435頁参照。

域内に住所を有する者を生徒とするものであるか、といった観点から判断される[77]。たとえば、実施校の本校がA県に所在し、A県のほか、B県・C県・D県に住所を有する者を併せて生徒とすることを予定していれば、実施校の「通信教育を行う区域」はA県・B県・C県・D県が該当する。

なお、「通信教育を行う区域」に該当するためには、必ずしもその都道府県の区域内に住所を有する生徒について、現に在籍していなくても、入学できる状態にあればよい。すなわち、前述の例に基づけば、仮にD県に住所を有する者が生徒として在籍していなかったとしても、D県に住所を有する者が生徒として入学できるのであれば、「通信教育を行う区域」からD県を除いて考える必要はない。

③通信教育連携協力施設ごとの名称・位置に関すること（第 14 条第 1 項第 3 号）

本条第 1 項第 3 号では、通信教育連携協力施設ごとの名称及び位置に関することを情報公表の対象として定めている。

通信教育連携協力施設ごとの「名称」と「位置」について、その双方が情報公表の対象であるから、いずれか一方のみを公表するだけでは不十分である[78]。公表にあたっては、本条第 1 項第 1 号に規定される「通信教育連携協力施設ごとの定員」と関連付けながら、一覧性をもって分かりやすく公表

---

[77]「通信教育を行う区域」との用語は、学校教育法体系上、施行規則第 4 条第 2 項第 1 号で初めて現れる用語である。同号の規定により、通信教育を行う区域に関する事項を通信制高等学校がその学則に記載しなければならないとする趣旨は、学則への記載を通じて、設置者や所轄庁が自らの設置・所轄する通信制高等学校の都道府県の区域外に与え得る影響の範囲を把握し得るものとするとともに、広域通信制高等学校に該当するか否かについて客観的に判断することを可能とし、広域通信制高等学校に固有の法定手続きが適切に処理されるようにすることにあると考えられる。これらを踏まえれば、施行規則第 4 条第 2 項第 1 号に定める「通信教育を行う区域」とは、特に明文の規定はないものの、広域通信制高等学校に該当するか否かの尺度と同様に、都道府県を単位として考えるのが適当である。

[78] 広域通信制高等学校の展開するサテライト施設の名称及び位置については、平成 29 年度及び令和元年度に、文部科学省により実態調査が行われている。

することが望ましい。

④教員・職員の数その他教職員組織に関すること（第14条第1項第4号）

本条第1項第4号では、教員及び職員の数その他教職員組織に関すること
を情報公表の対象として定めている。

「教職員」とは、教育に従事する教育職員と教育に関する事務及び技術等
に従事する事務職員及び技術職員等のすべてを総称するとされる[79]。具体
的には、校長、副校長、教頭、主幹教諭、指導教諭、教諭、養護教諭、助教
諭、養護助教諭、講師、実習助手、舎監、寄宿舎指導員、事務職員（事務長、
事務主任、事務主事、事務補佐員、事務主事補、事務助手など）、技術職員、学
校用務員、スクールカウンセラー、スクールソーシャルワーカー、部活動指
導員、学校医、学校歯科医、学校薬剤師などが考えられる。

⑤入学、退学、転学、休学及び卒業に関すること（第14条第1項第5号）

本条第1項第5号では、入学、退学、転学、休学及び卒業に関することを
情報公表の対象として定めている。これらの事項には、入学者数、在籍生徒
数、退学・転学者数、卒業者数、卒業後の進路状況を含むことを定めている
（本条第1項第5号括弧書）。

入学者数、在籍生徒数、退学・転学者数、卒業者数、卒業後の進路状況に
ついては、いずれも学校基本調査の調査事項に含まれるものであり、以下の
とおりそれぞれ対応する。

・入学者数：年度当初に入学した者の数[80]、年度途中に入学した者の数[81]

・在籍生徒数：調査年度の5月1日時点に在籍している者の数

・退学・転学者数：調査前年度において退学した者（転学した者を含む。）
　の数[82]

---

[79] 学校管理運営法令研究会「第六次全訂　新学校管理読本」第一法規（平成30
　年）14・708頁参照。

[80] 調査年度の4月1日から5月1日までに入学を決定した者の数（入学後に5
　月1日までに入学を取り消した者及び退学した者の数は除く。）をいう。

[81] 調査前年度の5月2日から翌年3月31日までに入学を決定した者の数をいう。

[82] 学校基本調査上の「退学した者」には、転学した者も含まれている。

・卒業者数：調査前年度において卒業した者の数

・卒業後の進路状況：調査前年度において卒業した者のうち、①大学等進学者[83]、②専修学校（専門課程）進学者[84]、③専修学校（一般課程）等入学者[85]、④公共職業能力開発施設等入学者[86]、⑤就職者[87]、⑥それら以外の者[88]、⑦不詳・死亡の者[89]、の7項目それぞれの者の数及び割合

⑥通信教育実施計画に関すること（第14条第1項第6号）

本条第1項第6号では、通信教育実施計画に関することを情報公表の対象として定めている。

通信教育実施計画は、通信教育規程第4条の3により、生徒に明示することが定められるとともに、本条第1項第6号により、情報公表の対象として一般にも公表する必要がある。

もっとも、情報公表を行う通信教育実施計画は、通信教育規程第4条の3により生徒に明示する、在籍生徒向けの通信教育実施計画（生徒用シラバス

---

[83]「大学等進学者」とは、大学（学部）、短期大学（本科）、大学・短期大学の通信教育部（正規の課程）及び放送大学（全科履修生）、大学・短期大学（別科）、高等学校（専攻科）及び特別支援学校高等部（専攻科）へ進学した者及び進学しかつ就職した者のことをいう。

[84]「専修学校（専門課程）進学者」とは、専修学校の専門課程（高等学校卒業程度を入学資格とする課程で通常、専門学校と称する。）へ進学した者及び進学しかつ就職した者のことをいう。

[85]「専修学校（一般課程）等入学者」とは、専修学校の一般課程及び高等課程又は各種学校（予備校等）に入学した者及び入学しかつ就職した者のことをいう。

[86]「公共職業能力開発施設等入学者」とは、公共職業能力開発施設等（看護師学校養成所、海技大学校及び水産大学校など学校教育法以外の法令に基づいて設置された教育訓練機関含む）に入学した者及び入学しかつ就職した者のことをいう。

[87]「就職者」とは、本文中の①〜④以外で就職した者のことをいう。

[88]「それら以外の者」とは、家事手伝いをしている者、外国の学校に入学した者、又は本文中の①〜⑤に該当しない者で進路が未定であることが明らかな者のことをいう。

[89]「不詳・死亡の者」とは、卒業者のうち、本文中の①〜⑥のいずれに該当するか不明の者、その年の5月1日までに死亡した者のことをいう。

など）そのものとする必要はなく、その概要であっても足りる。在籍生徒向けの通信教育実施計画は、生徒が通信教育を効果的かつ円滑に受けることができるよう、詳細に記載されることが期待される一方で、情報公表を行う場合には、危機管理や個人情報・プライバシー保護の観点にも配慮することが必要となるからである。とはいえ、その概要を公表する場合であっても、少なくとも通信教育規程第4条の3各号に掲げる事項（通信教育を実施する科目等ごとの、名称・目標、教育方法・内容・年間計画、学習評価・単位認定の基準）が外形的・客観的に確認可能な状態となっていなければならない。たとえば、通信教育を実施する科目等の名称・目標のみしか公表されていないなどの場合は、本条第1項第6号に基づく情報公表が適切になされているとはいえない。

　通信教育実施計画の情報公表は、通信教育連携協力施設ごとに行う必要がある（本条第1項柱書括弧書）。通信教育実施計画の作成にあたっては、通信教育の方法、内容、年間計画等に関する事項について、個々の通信教育連携協力施設に対応する事項を容易に理解することができるよう、たとえば、通信教育連携協力施設ごとに通信教育実施計画を作成するなど、工夫して作成することが期待される（▶▶「第1章1(4)　通信教育規程第4条の3（通信教育実施計画の作成等）」参照）。通信教育実施計画の公表にあたっても、同様の観点から、通信教育連携協力施設に対応する事項を容易に理解することができるよう、通信教育連携協力施設ごとにその状況を公表することが定められている。

⑦校地、校舎等の施設・設備その他の生徒の教育環境に関すること（第14条第1項第7号）

　本条第1項第7号では、校地、校舎等の施設及び設備その他の生徒の教育環境に関することを情報公表の対象として定めている。

　校地は、一定以上の面積が一律に求められるものではないが、その学校の目的を実現するために必要な校地を設けなければならない（施行規則第1条）。校舎は、原則として1,200平方メートルの面積を有する（通信教育規程第8条）とともに、教室、図書室、保健室、職員室を備えなければならない（通信教

育規程第9条）。このほか、各教科・科目等の面接指導に必要な実験・実習等のための施設及び設備や、体育の面接指導に必要な運動場等を設けなければならない（施行規則第1条第1項）。

こうした校地・校舎をはじめとする生徒の教育環境は、通信教育を実施する上での重要な構成要素となることから、情報公表の対象とされている。

⑧授業料、入学料その他の費用徴収に関すること（第14条第1項第8号）

本条第1項第8号では、授業料、入学料その他の実施校が徴収する費用に関することを情報公表の対象として定めている。

高等学校段階の就学支援制度としては、世帯状況に応じて、授業料に充てるために高等学校等就学支援金が、授業料以外の教育費負担を軽減するために高校生等奨学給付金が、それぞれ用意されている。これに加えて、各都道府県や各学校において授業料等の全部又は一部を免除・猶予する制度を独自に設けるものもある。本条第1項第8号に基づく情報を公表するにあたっては、これらの制度等とも関連付けながら、世帯状況に応じて必要となる費用を分かりやすく公表することが期待される。

⑨生徒の学習活動、進路選択及び心身の健康等に係る支援に関すること（第14条第1項第9号）

本条第1項第9号では、生徒の学習活動、進路選択及び心身の健康等に係る支援に関することを情報公表の対象として定めている。

通信制高等学校では、多様な生徒が在籍する実態を踏まえ、個々の生徒の状況に応じた学習支援活動、生徒指導、教育相談、進路指導など、様々な活動を通じてきめ細かな対応がなされている。たとえば、多様な背景を抱える生徒一人一人に寄り添った指導・支援を行い、学校生活への不安を取り除き再び学びに向き合えることを目標に取り組むことを特色とする学校もある。本条第1項第9号に基づく情報を公表するにあたっては、これらの安全・安心な教育環境を確保する学校の支援体制と関連付けながら、在籍する生徒やその保護者はもとより、通信制高等学校への入学を検討する生徒やその保護者にも分かりやすいように工夫して公表することが期待される。

（イ）情報公表の方法（第 14 条第 2 項）

　本条第 2 項では、実施校が本条第 1 項に基づく情報公表を行う際には、適切な体制を整えた上で、刊行物への掲載、インターネットの利用その他広く周知を図ることができる方法によって行うものとすることを定めている。

　情報公表の方法としては、学校ホームページ等での公表や刊行物への掲載など、広く周知を図る方法により行うことが考えられる。学校ホームページ等で公表を行う場合には、情報公表を目的とするページを設けて、情報公表の対象となる事項等を体系的に整理して発信するなど、分かりやすく周知することができるよう工夫して行うことが望まれる。

2．学校教育法施行規則の一部改正

（1）施行規則第4条（学則に記載しなければならない事項）

第四条　（略）
2　前項各号に掲げる事項のほか、通信制の課程を置く高等学校（中等教育学校の後期課程を含む。第五条第三項において同じ。）については、前条の学則中に、次の事項を記載しなければならない。
　一　通信教育を行う区域に関する事項
　二　通信教育連携協力施設（高等学校通信教育規程（昭和三十七年文部省令第三十二号）第三条第一項に規定する通信教育連携協力施設をいう。第五条第三項において同じ。）に関する事項
3　（略）

　改正前の施行規則第4条第2項では、以下のとおり、通信制高等学校の学則に記載しなければならない事項として、全ての学校において学則に記載しなければならない事項（改正前・施行規則第4条第1項各号）のほか、①通信教育を行う区域に関する事項、②協力校に関する事項、③面接指導又は試験を行う場合の施設に関する事項、を定めていた（改正前・施行規則第4条第2項各号）。

◆改正前・施行規則第4条
第四条　（略）
2　前項各号に掲げる事項のほか、通信制の課程を置く高等学校（中等教育学校の後期課程を含む。以下この項において同じ。）については、前条の学則中に、次の事項を記載しなければならない。
　一　通信教育を行う区域に関する事項
　二　通信教育について協力する高等学校に関する事項
　三　通信制の課程を置く高等学校又は前号に規定する高等学校以外の施設で高等学校通信教育規程（昭和三十七年文部省令第三十二号）第二条第

> 　　一項に規定する面接指導又は試験を行う場合の当該施設に関する事項
>
> 3　（略）

　令和3年改正では、サテライト施設を意味する法令上の概念として「通信教育連携協力施設」との用語が新たに設けられたことに伴い、通信制高等学校の学則に記載しなければならない事項も改正されている。具体的には、全ての学校において学則に記載しなければならない事項（施行規則第4条第1項各号）のほか、①通信教育を行う区域に関する事項、②通信教育連携協力施設に関する事項、を定めている（施行規則第4条第2項各号）。

　本条第2項第2号に規定する「通信教育連携協力施設……に関する事項」としては、たとえば、その名称、位置、定員などの事項が想定される。なお、通信教育連携協力施設ごとの定員を学則で定めなければならないことは、通信教育規程第4条第2項でも確認的に規定されている（▶▶「第2章1(2) 通信教育規程第4条（通信制の課程の規模）」参照）。

　なお、令和3年改正に伴う学則変更の手続きについては、必ずしも令和3年改正の施行日（令和4年4月1日）までに行う必要はなく、一定の経過措置が設けられている（改正省令附則第2条）。具体的には、令和3年改正の施行日以後で最初に学則変更の認可申請を行う日、又は令和5年3月31日のいずれか早い日までに学則で定めればよい（▶▶「第2章3(2) 附則第2条（学則変更についての経過措置）」参照）。

(2) 施行規則第5条（学則変更の認可申請又は届出に要する書類）

第五条　（略）

2　（略）

3　高等学校の広域の通信制の課程（学校教育法第五十四条第三項（同法第七十条第一項において準用する場合を含む。）に規定する広域の通信制の課程をいう。）の通信教育連携協力施設ごとの定員（高等学校通信教育規程第四条第二項に規定する通信教育連携協力施設ごとの定員をいう。）又は私立学校の収容定員に係る学則の変更についての認可の申請又は届出は、それぞれ認可申請書又は届出書に、前項の書類のほか、経費の見積り及び維持方法を記載した書類並びに当該変更後の定員又は収容定員に必要な校地校舎等の図面を添えてしなければならない。

改正前の施行規則第5条第3項は、以下のとおり、私立学校の収容定員に係る学則変更の認可申請や届出を行うに際して、認可申請書や届出書に、変更の事由・時期を記載した書類のほか、経費の見積り・維持方法を記載した書類と、変更後の収容定員に必要な校地校舎等の図面を添付しなければならないことを定めていた。

◆改正前・施行規則第5条

第五条　（略）

2　（略）

3　私立学校の収容定員に係る学則の変更についての認可の申請又は届出は、それぞれ認可申請書又は届出書に、前項の書類のほか、経費の見積り及び維持方法を記載した書類並びに当該変更後の収容定員に必要な校地校舎等の図面を添えてしなければならない。

令和3年改正では、通信教育連携協力施設ごとの定員を学則で定めるものとされたこと（通信教育規程第4条第2項）に伴い、広域通信制高等学校の学則変更の手続きにおいて、通信教育連携協力施設ごとの定員に係る学則変更の認可申請や届出を行う場合には、その適切性を客観的に確認することがで

きるよう、認可申請書や届出書に、変更の事由・時期を記載した書類のほか、経費の見積り・維持方法を記載した書類と、変更後の定員に必要な校地校舎等の図面を添付しなければならないことが定められている。

（3）施行規則第16条（広域通信制課程の学則変更の認可にあたって行う届出）

> 第十六条　学校教育法施行令（昭和二十八年政令第三百四十号）第二十四条の二第四号の文部科学省令で定める学則の記載事項は、第四条第一項第一号（修業年限に関する事項に限る。）及び第五号並びに同条第二項各号に掲げる事項とする。
> 2　学校教育法施行令第二十四条の二に規定する事項についての認可の届出は、認可申請書に係る書類の写しを添えてしなければならない。

　広域通信制高等学校の設置・廃止等の認可を行う場合には、認可権者は、あらかじめ、文部科学大臣に届け出なければならない（法第54条第3項）。こうした届出を要する認可事項については、①学校の設置・廃止、②通信制課程の設置・廃止、③設置者の変更、④学則の記載事項のうち文部科学省令で定めるものに係る変更、に限ることが定められる（法第54条第3項・施行令第24条の2）。本条第1項は、上記④の「文部科学省令で定めるもの」として、文部科学大臣への届出を要する学則変更事由を定めるものである。

　改正前の施行規則第16条第1項は、こうした届出を要する学則変更事由について、①修業年限（改正前・施行規則第4条第1項第1号）、②収容定員及び職員組織（改正前・施行規則第4条第1項第5号）、③通信教育を行う区域（改正前・施行規則第4条第2項第1号）、④協力校（改正前・施行規則第4条第1項第2号）、を定めていた。

　令和3年改正では、施行規則第4条第2項（学則に記載しなければならない事項）の改正に伴い、上記④の「協力校」が「通信教育連携協力施設」へと改正されている。まとめると、改正後は、文部科学大臣への届出を要する学則変更事由は、①修業年限（施行規則第4条第1項第1号）、②収容定員及び職員組織（施行規則第4条第1項第5号）、③通信教育を行う区域（施行規則第4条第2項第1号）、④通信教育連携協力施設（施行規則第4条第2項第2号）、となる。

(4) 施行規則第 97 条（学校間連携による単位認定）

> 第九十七条　校長は、教育上有益と認めるときは、生徒が当該校長の定める
> ところにより他の高等学校又は中等教育学校の後期課程において一部の科
> 目又は総合的な探究の時間の単位を修得したときは、当該修得した単位数
> を当該生徒の在学する高等学校が定めた全課程の修了を認めるに必要な単
> 位数のうちに加えることができる。
>
> 2　前項の規定により、生徒が他の高等学校又は中等教育学校の後期課程にお
> いて一部の科目又は総合的な探究の時間の単位を修得する場合においては、
> 当該他の高等学校又は中等教育学校の校長は、当該生徒について一部の科目
> 又は総合的な探究の時間の履修を許可することができる。
>
> 3　同一の高等学校に置かれている全日制の課程、定時制の課程及び通信制の
> 課程相互の間の併修については、前二項の規定を準用する。

ア．改正の概要

　本条では、学校間の連携に関し、生徒が他の高等学校で修得した単位数について、校長の判断により、当該生徒の在籍する高等学校を卒業するために必要な単位数に含めることができること（いわゆる学校間連携制度）を定めている。

　具体的には、高等学校の生徒が、他校において一部科目等の単位を修得した場合（施行規則第 97 条第 1 項）、自校に置かれる他の課程において一部科目等の単位を修得した場合（施行規則第 97 条第 3 項）、それぞれ在籍校の校長の定めるところにより、36 単位を超えない範囲内（施行規則第 99 条）において、その単位数を在籍校の卒業に必要な単位数に含めることができる。

　令和 3 年改正では、教育課程を構成する「科目」のみならず、「総合的な探究の時間」も学校間連携制度の対象となることが明確化された。なお、同様の観点から、通信教育規程第 12 条（定時制の課程又は他の通信制の課程との併修）も改正されている（▶▶「第 2 章 1(7) 通信教育規程第 12 条（定時制の課程又は他の通信制の課程との併修）」参照）。

イ．改正の背景

　教育課程の編成・実施に単位制が採用される高等学校段階においては、生徒の多様な科目選択を可能とし、高等学校教育の一層の充実を図る観点から、学校間の協議により、高等学校の生徒が他の学校や課程において一部科目を履修することを可能とし、他の学校や課程で修得した科目の単位数を、生徒の在学する高等学校が定めた卒業に必要な単位数のうちに加えることができる。こうした制度は、学校間連携制度（施行規則第 97 条）、定通併修制度（通信教育規程第 12 条）と、それぞれ呼ばれている[90]。

　学校間連携制度では、高等学校の生徒が、他校において一部科目の単位を修得する場合（施行規則第 97 条第 1 項）、自校に置かれる他の課程（全日制課程、定時制課程及び通信制課程）において一部科目の単位を修得する場合（施行規則第 97 条第 3 項）、それぞれ在籍校の校長の定めるところにより、36 単位を超えない範囲内（施行規則第 99 条）において、単位認定できることを定めている。

　また、定通併修制度では、学校間連携制度の特例として、通信制課程の生徒が自校の定時制課程又は他校の定時制・通信制課程において一部科目の単位を修得する場合（通信教育規程第 12 条第 1 項）、定時制課程の生徒が自校の通信制課程又は他校の通信制課程において一部科目の単位を修得する場合（通信教育規程第 12 条第 2 項）、それぞれ在籍校の校長の定めるところにより、単位数の上限なく、単位認定できることを定めている。

　両制度の適用関係をまとめれば、次頁に掲げる表のとおりとなる。

---

[90] 学校間連携制度は、学校教育法施行規則の一部を改正する省令（平成 5 年文部省令第 3 号）により、平成 5 年度から導入された制度であるが、定通併修制度は、昭和 37 年の高等学校通信教育規程の制定当初から設けられている制度であり、各制度の導入経緯はそれぞれ異なる。

履修先 / 在籍元	在籍する高等学校（自校）			他の高等学校（他校）		
	全日制	定時制	通信制	全日制	定時制	通信制
全日制	－	学 97 Ⅲ	学 97 Ⅲ	学 97 Ⅰ	学 97 Ⅰ	学 97 Ⅰ
定時制	学 97 Ⅲ	－	通 12 Ⅱ	学 97 Ⅰ	学 97 Ⅰ	通 12 Ⅱ
通信制	学 97 Ⅲ	通 12 Ⅰ	－	学 97 Ⅰ	通 12 Ⅰ	通 12 Ⅰ

（※）　表中の表記について、「学」は学校教育法施行規則、「通」は高等学校通信教育規程をそれぞれ示す。また、算用数字は条番号を、ローマ数字は項番号をそれぞれ示す。たとえば「学 97 Ⅲ」は学校教育法施行規則第 97 条第 3 項を意味する。

　改正前の施行規則 97 条及び改正前の通信教育規程第 12 条は、それぞれ以下のとおり、学校間連携制度及び定通併修制度の対象を「科目」に限定していた。

◆改正前・施行規則第 97 条

第九十七条　校長は、教育上有益と認めるときは、生徒が当該校長の定めるところにより他の高等学校又は中等教育学校の後期課程において一部の科目の単位を修得したときは、当該修得した単位数を当該生徒の在学する高等学校が定めた全課程の修了を認めるに必要な単位数のうちに加えることができる。

2　前項の規定により、生徒が他の高等学校又は中等教育学校の後期課程において一部の科目の単位を修得する場合においては、当該他の高等学校又は中等教育学校の校長は、当該生徒について一部の科目の履修を許可することができる。

3　（略）

◆改正前・通信教育規程第 12 条

（定時制の課程又は他の通信制の課程との併修）

第十二条　実施校の校長は、当該実施校の通信制の課程の生徒が、当該校長の定めるところにより当該高等学校の定時制の課程又は他の高等学校（中等教育学校の後期課程を含む。）の定時制の課程若しくは通信制の課程にお

いて一部の科目の単位を修得したときは、当該修得した単位数を当該実施校が定めた全課程の修了を認めるに必要な単位数のうちに加えることができる。

2　定時制の課程を置く高等学校の校長は、当該高等学校の定時制の課程の生徒が、当該校長の定めるところにより当該高等学校の通信制の課程又は他の高等学校（中等教育学校の後期課程を含む。）の通信制の課程において一部の科目の単位を修得したときは、当該修得した単位数を当該定時制の課程を置く高等学校が定めた全課程の修了を認めるに必要な単位数のうちに加えることができる。

3　前二項の規定により、高等学校の通信制の課程又は定時制の課程の生徒（以下「生徒」という。）が当該高等学校の定時制の課程若しくは通信制の課程又は他の高等学校（中等教育学校の後期課程を含む。以下この項において同じ。）の定時制の課程若しくは通信制の課程において一部の科目の単位を修得する場合においては、当該生徒が一部の科目の単位を修得しようとする課程を置く高等学校の校長は、当該生徒について一部の科目の履修を許可することができる。

4　（略）

　令和 3 年改正は、学校間連携制度及び定通併修制度について、多様な学習ニーズに対応する観点から、「総合的な探究の時間」を対象に加え、両制度の弾力化を図っている[91]。

---

[91] 学校間連携制度及び定通併修制度の対象に、令和 3 年改正後も「特別活動」は含まれていない。特別活動は単位による計算が行われるわけではなく、単位制を前提とした両制度には馴染まないからである。一方で、制度の建て付けはともかくとして、多様な学習ニーズへの対応を図る観点から、特別活動も制度の対象とすべきという考え方にも理解できる。もっとも、現行の指導要領によれば、全日制課程及び定時制課程では、特別活動を構成するホームルーム活動の授業時数は「年間 35 単位時間以上」が原則必要となる一方で、通信制課程では、特別活動の指導時間数は「卒業までに 30 単位時間以上」が原則必要となり、その時間数は課程間で大きく異なっていることに目を向けなければなるまい。特別活動を両制度の対象とするにあたっては、各課程の修了に必要な時間数が異なる中で、両者の互換をどのように考えるか、といった論点について別途議論を要することとなろう。

(5) 施行規則第100条（少年院における矯正教育の単位認定）

> 第百条　校長は、教育上有益と認めるときは、当該校長の定めるところにより、生徒が行う次に掲げる学修（当該生徒が入学する前に行つたものを含む。）を当該生徒の在学する高等学校における科目の履修とみなし、当該科目の単位を与えることができる。
>
> 一　高等学校卒業程度認定試験規則（平成十七年文部科学省令第一号）の定めるところにより合格点を得た試験科目（同令附則第二条の規定による廃止前の大学入学資格検定規程（昭和二十六年文部省令第十三号。以下「旧規程」という。）の定めるところにより合格点を得た受検科目を含む。）に係る学修
>
> 二　高等学校の別科における学修で<u>高等学校学習指導要領の定めるところに準じて修得した科目に係る学修</u>
>
> 三　<u>少年院法（平成二十六年法律第五十八号）の規定による矯正教育で高等学校学習指導要領の定めるところに準じて修得したと認められるものに係る学修</u>

ア．改正の概要

　本条では、高等学校の校長は、教育上有益と認めるときは、少年院法に定める矯正教育で高等学校学習指導要領に準じて修得したと認められるものに係る学修について、高等学校における科目の履修とみなし、当該科目の単位を与えることができると定めている。

イ．改正の背景

　我が国の高等学校進学率は98.8％（令和元年度時点）で、ほとんどの者が高等学校教育を受けているが、少年院入院者の中には高等学校教育を十分に受けることができない者が相当程度いる状況となっている。具体的には、令和元年（2019年）における少年院新収容者のうち、中学校卒業後に高等学校に進学していない者が24.4％、非行等に至る過程で、又は非行等を原因として、高等学校を中退した者が40.1％となっている[92]。

　少年院では、家庭裁判所から保護処分として送致された少年に対し、その健全な育成を図ることを目的として矯正教育、社会復帰支援等が行われるところ、在院者の改善更正と円滑な社会復帰を図る上で、高等学校教育が重要な役割を担い得ることが近年指摘されている[93]。その一方で、少年院出院後に復学・進学を希望するものの、それが叶わない出院者もいる。具体的には、令和元年の少年院出院者2,065人のうち、在院中に高等学校や中学校等への復学が決定した者が4.4％である一方で、進学を希望しているにもかかわらず、進学先が確定しないまま出院する者が13.1％であることが確認されている[94]。

　こうした現状等を踏まえ、令和2年（2020年）6月25日、法務省において「少年院在院者への高等学校教育機会の提供に向けた検討会」（以下「法務省検討会」という。）が設置された。そこでは、少年の将来の可能性を広げ、出院後の円滑な社会復帰を図るため、高等学校での学習を希望する在院者に対して、高等学校教育の機会を在院中から提供するとともに、出院後も学びを継続していくための方策について、文部科学省、全国高等学校通信制教育研究会、複数の通信制高等学校と連携しながら検討が行われることとなった。

　法務省検討会における検討過程では、少年院出院後に、高等学校に復学・転編入学できても、生活維持のために就労する必要のある生徒等にとっては、学業との両立が困難となり、高等学校の卒業まで至らない場合も多く見受けられることなどが課題として挙げられた。さらに、少年院で高等学校教育に

---

[92] 法務省「少年院在院者に対する高等学校教育機会の提供に関する検討会報告書」（令和2年12月7日）2頁参照。

[93] 少年院仮退院者の再処分率（保護観察期間中に再非行により新たな保護処分等を受けた者の比率）を見れば、平成30年（2018年）は、仮退院後に無職の場合には41.2％であるのに対し、仮退院後に学生・生徒の場合には13.1％と低い数値であることから、学校という居場所があることが再非行防止につながっていることが指摘されている（法務省「少年院在院者に対する高等学校教育機会の提供に関する検討会報告書」（令和2年12月7日）2頁参照）。

[94] 法務省「少年院在院者に対する高等学校教育機会の提供に関する検討会報告書」（令和2年12月7日）2頁参照。

相当する内容の指導を受けながらも、高等学校に復学・転編入学後には、再度改めて履修・修得しなければ、卒業に必要な単位として認定されないことから、学習上の二重負担が生じていることも指摘された。

　検討の結果、令和 2 年（2020 年）12 月 7 日に、「少年院在院者に対する高等学校教育機会の提供に関する検討会報告書」が取りまとめられ、少年院在院者の通信制高等学校への転編入学を行う際の支援方策、通信制高等学校に転編入学した在院者に対する在院中の支援方策、少年院出院後における継続的な在籍・学びの実現に向けた支援方策が整理されるとともに、高等学校における単位認定に向けた方策が提言された。

　なお、高等学校における単位認定に向けた方策の実現に向けては、法務省検討会と並行して、中央教育審議会等でも検討が行われた。検討の結果、少年院における学びを評価し、生徒の学習意欲を高めるとともに、出院後の高等学校卒業に向けた学習上の二重負担を軽減する観点から、少年院における矯正教育について、復学・転入学する高等学校の校長が十分な教育効果を有するものとして認める場合には、高等学校における科目の履修とみなし、当該科目の単位を付与することを可能とする措置を行うことが適当とされた[95]。

　令和 3 年改正は、これらを踏まえ、少年院における矯正教育で、高等学校学習指導要領に準じて行うものは、学校長の判断により、高等学校の科目の履修とみなし、単位認定することができることを定めている。

ウ．規定の趣旨及び内容

　少年院の矯正教育は、在院者の特性に応じて、計画的・体系的・組織的に実施されるものである。具体的には、一定の共通する特性を有する在院者の類型[96]ごとに、矯正教育の重点的な内容及び標準的な期間を記した「矯正教育課程」が定められる（少年院法第 30 条）。さらに、これに基づきながら、各少年院では、法務大臣からの指定を受けて実施することとなる矯正教育課

---

[95] 高校 WG 審議まとめ 52 頁参照。
[96] 在院者の年齢、心身の障害の状況及び犯罪的傾向の程度、在院者が社会生活に適応するために必要な能力などを基にして、計 16 類型に分類されている。

程について、「少年院矯正教育課程」を定めることとされている（同法第31条及び第32条）。その上で、各少年院は、在院者がその少年院に入院したときは、その在院者が履修すべき矯正教育課程を指定する（同法第33条）とともに、一人一人の特性に応じた矯正教育の目標、内容、期間、実施方法を具体的に定める「個人別矯正教育計画」を策定するとされている（同法第34条）。

矯正教育の内容としては、生活指導、職業指導、教科指導、体育指導、特別活動指導が適切に組み合わせて行われることとなり、処遇の段階に応じて段階的、発展的なものとなるよう配慮されている。具体的に、教科指導では、高等学校への復学や大学進学等を希望する者に、高等学校の学習指導要領に準拠した教科に関する指導が行われる。職業指導では、有為な職業人としての一般的な知識・態度や職業選択能力・職場適応能力の習得を目的とし、全108単位時間から体系的に構成される「職業生活設計指導」などが用意されている。体育指導では、健全な身体の発達を促し、運動能力や健康で安全な生活を営む能力を育成することを目的とし、各種スポーツ・ダンス等を通じた指導が行われている。この他にも、善良な社会の一員として自立した生活を営むための基礎となる知識及び生活態度を習得することを目的とする生活指導や、各種行事、社会貢献活動、地域の方々との交流等を通じて、社会性や自主性の涵養を図る特別活動指導が行われる。

本条第3号では、少年院の矯正教育について、高等学校学習指導要領に準じて修得したと認められるものであるときは、校長の判断により、その学修をもって、当該高等学校における科目の履修とみなし、当該科目の単位を与えることができることを定めている。なお、本条の規定は、通信制課程のみに適用を限定するものではなく、全日制・定時制課程についても同様に適用される。

本条第3号に基づき単位認定の対象となる学修は、「当該生徒が入学する前に行つたものを含む」（本条柱書括弧書）ことが定められる。そのため、少年院在院中に高等学校に在籍している生徒のみならず、少年院出院後に復学・転編入学した生徒にも適用される。もっとも、少年院出院後に復学・転編入学した場合には、具体的にどのような矯正教育をどの程度修得したとい

えるのかを客観的に確認することができなければ、校長が「教育上有益と認める」（施行規則第 100 条柱書）ことは困難となる。この点に関しては、今後、法務省の主導の下で、一部の少年院と通信制高等学校とが連携する取り組みが実施される中で、実務的な検討が進められる[97]ことが予定されている。

「高等学校学習指導要領の定めるところに準じて修得したと認められるもの」（本条第 3 号）とは、指導要領に則って、高等学校教育に相当する量と質の学修がなされた上で、矯正教育を通じた学修の成果が、履修をみなす科目の目標からみて満足できると認められるものであることを意味する。たとえば、高等学校学習指導要領第 1 章総則第 2 款 3(1)アでは、1 単位時間を 50 分とし、35 単位時間の授業を 1 単位として計算することを標準とされていることを踏まえれば、少年院の矯正教育を単位認定する際にも、少なくとも同等の量が標準的に必要になると解される[98]。なお、質的な観点からその妥当性を判断するには、少年院の矯正教育の指導内容等を把握することが求められることになろう。この点に関しては、今後、法務省の主導の下で、矯正教育の指導内容等に関する高等学校関係者向けの手引きの策定が予定されている[99]。

なお、本条の規定は、高等学校のみならず、中等教育学校の後期課程、特別支援学校の高等部についても準用される（施行規則第 113 条第 3 項又は第

---

[97]　法務省「少年院在院者に対する高等学校教育機会の提供に関する検討会報告書」（令和 2 年 12 月 7 日）9 頁では「各学校の校長が単位認定するに当たって、少年院における教育活動の実施状況を客観的に確認することができるよう、必要な仕組みの在り方について協議を進めていくことが望ましい」こととされ、今後の課題であることが示されている。

[98]　通信制高等学校において矯正教育の単位認定を行うにあたり、高等学校学習指導要領第 1 章第 2 款 5(1)に定める各教科・科目の面接指導の単位時間を標準として、単位数の計算をすることは適当とはいえない。矯正教育は、授業の方法により実施されるのが通常であって、添削指導、面接指導及び試験等といった通信教育の方法により実施されるものではないからである。したがって、たとえ通信制高等学校で単位認定を行うとしても、単位数の計算は、授業の方法を前提とする計算方法、すなわち、1 単位時間を 50 分とし、35 単位時間の授業を 1 単位とする計算方法を標準として考えることが適当である。

135条第5項）。これらの学校でも同様に、学校長の判断により、科目の履修とみなし、単位認定することができる。

［99］文部科学省初等中等教育局長「学校教育法施行規則等の一部を改正する省令等の公布について（通知）」（令和3年3月31日・2文科初第2124号）第2の6（2）では、「今後、法務省の主導の下で、……少年院矯正教育の指導内容等に関する高等学校関係者向けの手引きの策定が予定されている」ことが示されている。

3. 改正省令附則

(1) 附則第 1 条 (施行期日)

（施行期日）

第一条　この省令は、令和四年四月一日から施行する。ただし、第一条中学校教育法施行規則第七十九条の六第二項及び第百八条第一項の改正規定は公布の日から、第一条中学校教育法施行規則第九十七条第一項及び第二項の改正規定並びに第百条に一号を加える改正規定、第三条中高等学校通信教育規程第十二条第一項から第三項までの改正規定並びに附則第六条の規定は令和三年四月一日から施行する。

　本条は、令和 3 年改正について、令和 4 年 4 月 1 日から施行すると定めている。ただし、一部の条項は、その公布日（令和 3 年 3 月 31 日）又は令和 3 年 4 月 1 日から施行する。

　本書で解説してきた改正規定の施行日は、それぞれ以下のとおりとなる。

改正規定	施行日
・通信教育規程第 3 条（通信教育連携協力施設） ・通信教育規程第 4 条（通信制の課程の規模） ・通信教育規程第 4 条の 2（面接指導を受ける生徒数） ・通信教育規程第 4 条の 3（通信教育実施計画の作成等） ・通信教育規程第 10 条の 2（通信教育連携協力施設の編制、施設及び設備） ・通信教育規程第 11 条（他の学校等の施設及び設備の使用） ・通信教育規程第 13 条（通信教育連携協力施設における連携協力の状況の評価）	令和 4 年 4 月 1 日

・通信教育規程第 14 条（情報の公表） ・施行規則第 4 条（学則に記載しなければならい事項） ・施行規則第 5 条（学則変更の認可申請又は届出に要する書類） ・施行規則第 16 条（広域通信制課程の学則変更の認可にあたって行う届出）	
・通信教育規程第 12 条（定時制の課程又は他の通信制の課程との併修） ・施行規則第 97 条（学校間連携による単位認定） ・施行規則第 100 条（少年院における矯正教育の単位認定）	令和 3 年 4 月 1 日

(2) 附則第２条（学則変更についての経過措置）

> （経過措置）
>
> 第二条　この省令の施行の際現に存する通信制の課程を置く高等学校（中等
> 　教育学校の後期課程を含む。次条及び附則第四条において同じ。）の学則に
> 　ついては、この省令の施行の日以後最初に学校教育法施行規則第五条第一
> 　項の学則の変更についての認可の申請がなされる日又は令和五年三月三十
> 　一日のいずれか早い日までの間は、第一条の規定による改正後の学校教育
> 　法施行規則（次条において「新規則」という。）第四条第二項第二号の規定
> 　にかかわらず、なお従前の例によることができる。

　令和３年改正では、通信教育連携協力施設に関する事項（施行規則第４条
第２項第２号）、通信教育連携協力施設ごとの定員に関する事項（通信教育規
程第４条第２項）について、新たに学則に記載しなければならないことを定
めている。

　本条は、こうした改正に対応するための学則変更について、令和３年改正
の施行日（令和４年４月１日）までに設置されている通信制高等学校を対象
にして、経過措置を設けている。具体的には、令和３年改正の施行日以後で
最初に学則変更の認可申請を行う日、又は令和５年３月31日のいずれか早
い日までに学則で定めればよいこととしている。

(3) 附則第 4 条（面接指導を受ける生徒数についての経過措置）

> 第四条　第三条の規定による改正後の高等学校通信教育規程第四条の二（学校教育法施行規則第百十一条において準用する場合を含む。）の規定にかかわらず、当分の間、通信制の課程を置く高等学校において同時に面接指導を受ける生徒数については、特別の事情があり、かつ、教育上支障がない場合に限り、なお従前の例によることができる。

　令和 3 年改正では、面接指導の意義及び役割が十分に発揮されるものとなるよう、面接指導を受ける生徒数に関する規定を新設し、同時に面接指導を受ける生徒数は、少人数とすることを基本とし、40 人を超えてはならないことを定めている（通信教育規程第 4 条の 2）。

　本条は、こうした同時に面接指導を受ける生徒数について、当分の間、経過措置を設けている。具体的には、特別の事情があり、かつ、教育上支障がない場合であれば、同時に面接指導を受ける生徒数がやむを得ずに 40 人を超えてしまったとしても、そのことのみをもって直ちに法令違反となるわけではないこととしている。もっとも、たとえば 1 人の教師が 100 人を超える生徒に一斉に面接指導を実施するなどの場合は、面接指導の意義及び役割が十分に発揮されている（＝教育上支障がない）ということはできないから、上記の経過措置の適用を受けるものではなく、改善を図ることが必要である。

　なお、「当分の間」の具体的な期間については、現時点では特段定められていない。令和 3 年改正の施行後における面接指導の実施状況等を踏まえ、上記の経過措置を設ける必要性等が失われたと判断されれば、本条は削除されると考えられる。

第3章　一問一答

1. 総論

問1　令和3年改正はどのような内容か。

　「学校教育法施行規則等の一部を改正する省令」（令和3年文部科学省令第14号）及び「高等学校学習指導要領の一部を改正する告示」（令和3年文部科学省告示第61号）は、中央教育審議会答申等[※]を踏まえ、高等学校の特色化・魅力化や高等学校通信教育の質保証を図るため、学校教育法施行規則、高等学校設置基準、高等学校通信教育規程、高等学校学習指導要領等の一部を改正している。

　このうち、高等学校通信教育の質保証に向けた改正については、通信制高等学校で学ぶ全ての生徒が適切な教育環境の下で存分に学ぶことができるよう、①教育課程の編成・実施、②サテライト施設の設置、③学校運営改善の推進、といった3つの観点から、高等学校通信教育規程等の改正が行われている。

　（※）改正にあたっては、以下の答申等での提言が踏まえられている。
　・「『令和の日本型学校教育』の構築を目指して～全ての子供たちの可能性を引き出す、個別最適な学びと、協働的な学びの実現～」（令和3年1月26日　中央教育審議会答申）
　・「新しい時代の高等学校教育の在り方ワーキンググループ（審議まとめ）～多様な生徒が社会とつながり、学ぶ意欲が育まれる魅力ある高等学校教育の実現に向けて～」（令和2年11月13日　中央教育審議会初等中等教育分科会新しい時代の初等中等教育の在り方特別部会新しい時代の高等学校教育の在り方ワーキンググループ）
　・「通信制高等学校の質の確保・向上に関する調査研究協力者会議（審議まとめ）」（令和3年2月25日　通信制高等学校の質の確保・向上に関する調査研究協力者会議）

問 2　令和 3 年改正はどのような背景・経緯で行われるものか。

　通信制高等学校は、自らのペースで学ぶことができるという通信教育の特性を最大限に活かし、スタートラインも目指すゴールもそれぞれ異なる多様な生徒が学びに向かう場となっており、時代の変化・役割の変化に応じながら、高等学校教育の普及と教育の機会均等の理念を実現する上で大きな役割を果たしている。

　一方で、近年では、平成 27 年（2015 年）2 月に発覚したウィッツ青山学園高等学校事件[※]をはじめ、通信制高等学校において、違法・不適切な学校運営や指導要領等に基づかない教育活動など、看過しがたいずさんな教育実態が次々に明らかとなっている。こうした状況を踏まえ、高等学校通信教育の質保証の徹底を図っていくことが喫緊の課題となっていた。

　そこで、平成 31 年（2019 年）4 月の中央教育審議会諮問を契機として、中央教育審議会等において、時代の変化・役割の変化に応じた定時制・通信制課程の在り方について検討が行われた。その結果、通信制高等学校で学ぶ全ての生徒が適切な教育環境の下で存分に学ぶことができるよう、高等学校通信教育の質保証を図るための対応方策が提言された。

　こうした提言を受けて、令和 3 年（2021 年）3 月に「学校教育法施行規則等の一部を改正する省令」（令和 3 年文部科学省令第 14 号）及び「高等学校学習指導要領の一部を改正する告示」（令和 3 年文部科学省告示第 61 号）が公布され、通信制高等学校の設置基準としての性格を有する高等学校通信教育規程について、多角的な観点から見直しが行われた。

（※）ウィッツ青山学園高等学校事件とは、平成 27 年 12 月、三重県伊賀市に所在する株式会社立学校のウィッツ青山学園高等学校の設置会社役員らが、高等学校等就学支援金を不正受給していた疑いにより、東京地検特捜部の強制捜査を受けたことに端を発して、高等学校就学支援金の不正受給に係る問題のみならず、その教育活動や学校運営等における様々な違法・不適切な運用があらわとなった事件である。たとえば、生徒が遊園地でお土産を購入した際に釣銭の計算をしたことを「数学」の単位として、同遊園地における散策

を「総合学習」の単位として、同遊園地への移動のバスの車内での映画鑑賞を「国語」ないし「英語」の単位として認定するなど、指導要領に沿わない不適切な単位認定の実態が明らかになった。

問3　令和3年改正はいつから施行されるか。

「学校教育法施行規則等の一部を改正する省令」（令和3年文部科学省令第14号）及び「高等学校学習指導要領の一部を改正する告示」（令和3年文部科学省告示第61号）は、令和3年（2021年）3月31日に公布され、一部の例外[※]を除き、令和4年（2022年）4月1日から施行される。

（※）学校間連携制度及び定通併修制度の対象拡大、並びに少年院の矯正教育の単位認定に関する改正事項については、例外的に令和3年（2021年）4月1日に施行された。

2. 各論Ⅰ（教育課程の編成・実施関係）

(1) 通信教育実施計画の作成・明示等

問4　通信教育実施計画とは何か。

　通信教育実施計画とは、いわゆるシラバスに相当するものである。具体的には、高等学校通信教育（以下この章において「通信教育」という。）を実施する科目等ごとに、①その名称及び目標に関すること、②その教育方法及び内容、並びに一年間の通信教育の計画に関すること、③その学習評価及び単位認定の基準に関すること、を記載したものをいう（通信教育規程第4条の3各号）。

　令和3年改正により、通信制高等学校の校長は、通信教育の実施にあたって、通信教育実施計画を作成し、生徒に対してあらかじめ明示することが必要となる（通信教育規程第4条の3柱書）。また、通信教育実施計画に関することは、教育活動等の状況についての情報として、一般に公表することも必要となる（通信教育規程第14条第1項第6号）。

**問5　通信教育実施計画の作成にあたり、特定の様式・フォーマットに
　　　従う必要はあるか。**

　特定の様式・フォーマットが特に定められているわけではない。

　もっとも、その作成にあたっては、通信教育を実施する科目等ごとに記載することとなる、①その名称及び目標に関すること、②その教育方法及び内容、並びに一年間の通信教育の計画に関すること、③その学習評価及び単位認定の基準に関すること、がそれぞれ容易に理解できるよう工夫して記載することが望まれる。

　たとえば、添削指導、面接指導及び試験といった通信教育の方法ごとに、

取り扱う単元などの具体的な実施内容とともに、添削課題の提出日、面接指導の実施日及び試験の実施日などの具体的な年間計画を記載することなどが考えられる。また、これらに加えて、メディア指導を行う場合には、その実施方法や実施内容、報告課題の提出日などの具体的な年間計画を記載することなどが考えられる。

問6　通信教育実施計画はどのような方法で生徒に明示すべきか。

通信教育実施計画の明示の方法としては、冊子や電子データで生徒に配付する方法のほか、刊行物への掲載、学校ホームページでの公開など、各学校の裁量により様々な方法が考えられる。

問7　集中スクーリングの実施日程がサテライト施設ごとに異なる場合には、通信教育実施計画にはどのように記載すればよいか。

面接指導等の実施にあたり、合宿等を伴って特定時期に集中的に面接指導等を行う、いわゆる集中スクーリングを実施する学校が少なからず見受けられる。

集中スクーリングを予定する場合には、生徒に実施地までの遠距離の移動を伴うとともに、その期間中には長時間にわたり拘束を伴うものが多くある。このため、通信教育実施計画において、面接指導の実施方法として集中スクーリングにより実施する予定である旨とともに、その実施内容及びその実施スケジュールを具体的に記載して、生徒に誤解が生じることがないよう適切に明示することが望まれる。

また、生徒が属するサテライト施設ごとに、参加することができる集中スクーリングの日程の選択肢があらかじめ決まっている場合には、自ら属するサテライト施設に応じて、どの日程の集中スクーリングに参加することができるかについて、生徒が容易に理解することができるよう工夫して作成することが期待される。

　たとえば、冊子や電子データで配付する場合には、サテライト施設ごとに通信教育実施計画を作成した上で、生徒には自ら属するサテライト施設に応じた通信教育実施計画のみを配付したり、学校ホームページ上で公開する場合には、その閲覧に際して、利用者の検索や選択に応じて、サテライト施設ごとの通信教育実施計画が表示されるような仕様を設計したりすることなどが考えられる。

(2) 面接指導を受ける生徒数関係

> **問8　同時に面接指導を受ける生徒数に関し、どのような改正が行われているか。**

　面接指導は、その実施を通じて、個別指導を重視して一人一人の生徒の実態を十分把握し、自宅学習に必要な基礎的・基本的な学習知識を指導したり、添削指導を通して明らかとなった個々の生徒の持つ学習上の課題に十分考慮し、その後の自宅学習への示唆を与えたりすることや、集団の中で共同学習をする場を提供して、生徒の人間形成を図ることなどが期待されている。

　令和3年改正では、こうした趣旨が十分に実現されるものとなるよう、同時に面接指導を受ける生徒数について、少人数とすることを基本としつつ、40人を超えてはならないことが明確化されている（通信教育規程第4条の2）。

> **問9　特定の科目の履修希望者数が予定を上回り、同時に面接指導を受ける生徒数が40人を超えてしまうことが見込まれる場合には、どのように考えればよいか。**

　同時に面接指導を受ける生徒数については、少人数とすることを基本としつつ、40人を超えてはならないことが定められている（通信教育規程第4条の2）。もっとも、改正当時の実情に鑑み、当分の間は、同時に面接指導を受ける生徒数が40人を超えてしまったとしても、特別の事情があり、かつ、

教育上支障がない場合に限り、そのことのみをもって直ちに法令違反にはならないこととする経過措置が定められている（改正省令附則第4条）。

　これらを踏まえれば、本問のような特別な事情がある場合には、やむを得ずに同時に面接指導を受ける生徒数が40人を超えてしまったとしても、教育上支障がないことが確保されていれば、そのことのみをもって直ちに法令違反となるわけではないと考えられる。なお、これはあくまで経過措置であるから、面接指導の意義及び役割が十分に発揮できるよう、その改善を図ることが望まれることには変わりない点に留意する必要がある。

(3) 関係法令の趣旨明確化関係

問10　メディア指導の実施に関し、どのような改正が行われているか。

　メディア指導は、ラジオ放送、テレビ放送、インターネット等を利用して、NHK高校講座や学校が独自開発した動画教材等を視聴し、報告課題の作成・提出・添削等を通じて指導を行ったり、同時双方向型のテレビ会議システム等を用いた指導を行ったりするものである。これらの指導を通じた学習について、学校が、その指導計画に計画的かつ継続的に取り入れた場合には、その教科・科目の面接指導の時間数又は特別活動の時間数（以下「面接指導等時間数」という。）のうち、10分の6以内の時間数[※]を免除することができることが定められている（指導要領第1章総則第2款5(5)）。

　令和3年改正では、メディア指導により面接指導等時間数を免除する場合には、本来行われるべき学習の量と質を低下させることがないよう、免除する時間数に応じて報告課題の作成等を求めるなど、高等学校教育として必要とされる学習の量と質を十分に確保する方策を講じること、また、その際には、通信制課程に在籍する生徒の多様な状況に留意しつつ、観点別学習状況の評価が可能となるよう報告課題の作成等を求めることが明確化されている（指導要領第1章総則第2款5(5)）。

（※）生徒の実態等を考慮して特に必要がある場合は、複数のメディアを利用することにより、面接指導等時間数のうち 10 分の 8 以内の時間数を免除することができる。

問 11　試験の実施に関し、どのような改正が行われているか。

　試験は、添削指導及び面接指導の内容と関連づけながら、添削指導や面接指導における学習成果の評価とあいまって、単位を認定するために個々の生徒の学習状況等を測るための手段として行われるものである。

　令和 3 年改正では、こうした趣旨が明確化されるよう、試験は、各学校において、各教科・科目の目標の実現に向けた学習状況を把握する観点から、単元など内容や時間のまとまりを見通しながら、各教科・科目の履修につき適切な回数を確保した上で添削指導及び面接指導との関連を図り試験の内容及び時期を適切に設定しなければならないことが定められている（指導要領第 1 章総則第 2 款 5(6)）。

　たとえば、1 科目 20 分で実施するなど、試験の時間が生徒の学習状況等を測るために十分とは言えない場合や、学期末以外の時期に行われる集中スクーリングで試験が併せて実施されるなど、添削指導や面接指導に先立って試験の時期が設定されている場合は、試験の内容及び時期が適切とは言えないため、改善を図ることが必要であると考えられる。

3. 各論Ⅱ（サテライト施設の設置関係）

> **問 12　通信教育連携協力施設、面接指導等実施施設、学習等支援施設とは何か。**

　通信制高等学校では、通信教育の特性を活かしながら、本校以外の場において面接指導や試験等の通信教育を行うことがある。具体的には、分校、協力校、指定技能教育施設、大学・短期大学・専修学校、サポート施設等が挙げられる。こうした本校以外に設けられる学校又は施設（いわゆるサテライト施設）のことを法令上「通信教育連携協力施設」という（通信教育規程第3条第1項柱書）。

　通信教育連携協力施設は、そこで面接指導や試験等が実施されるか否かという観点から、以下のとおり、大きく2種類に分類される。

　1つ目の面接指導や試験等が予定される類型としては、たとえば「○○スクーリング会場」や「○○キャンパス」など、面接指導や試験等を受講できることが分かるような名称で設けられる学校又は施設が挙げられる。こうした類型のサテライト施設のことを、法令上「面接指導等実施施設」という（通信教育規程第3条第1項第1号）。

　2つ目の面接指導や試験等は予定しない類型としては、たとえば「○○サポート施設」などの名称で設けられる学校又は施設が挙げられる。こうした類型のサテライト施設では、面接指導や試験等は行わないものの、生徒からの学習相談に応じたり、生徒からの心身の悩みに応じたり、教材や添削課題等の配付事務を行ったりするなど、生徒の学習活動等の支援が行われる。これらのことを、法令上「学習等支援施設」という（通信教育規程第3条第1項第2号）。

　令和3年改正では、サテライト施設の法的な位置付けが明確化になるよう、その実態に応じて、上記のように「通信教育連携協力施設」、「面接指導等実施施設」、「学習等支援施設」との用語が法令上新たに設けられている。

**問13　面接指導等実施施設において、生徒の学習活動等の支援を行う
　　ことはできるか。**

　面接指導等実施施設とは、「面接指導又は試験等の実施について連携協力
を行う施設」（通信教育規程第3条第1項第1号）と定義付けられる。ここで
「面接指導又は試験等の実施」とは、面接指導か試験のいずれか一方又は双
方を実施することを意味し、その他の学習活動等の支援を加えて行うことを
何ら妨げるものではない。

　したがって、面接指導等実施施設であっても、面接指導や試験の連携協力
のみならず、生徒の進路選択及び心身の健康等に係る相談、添削指導に附帯
する事務、その他の学習活動等の支援も行うことは可能である。

**問14　通信制高等学校の設置者は、自ら以外の者が設置する学校又は
　　施設であっても、「通信教育連携協力施設」として設けることができ
　　るか。**

　通信制高等学校の設置者は、自ら以外の者が設置する学校又は施設を「通
信教育連携協力施設」として設けることは可能である。

　なお、こうした場合には、その施設の設置者の同意を得なければならない
点に留意する必要がある（通信教育規程第3条第1項柱書後段）。具体的な同
意の方法は、法令上特段の定めはないものの、通信制高等学校の設置者とそ
の施設の設置者との間において、連携協力に係る同意書や連携協力協定等の
取り決めを書面により行うことなどが考えられる[※]。

（※）ガイドライン「1(4) 通信教育連携協力施設との適切な連携協力関係の確
　　保等」では、「② 実施校の設置者は、通信教育連携協力を設ける場合は、そ
　　の連携協力内容について、当該施設の設置者とあらかじめ文書による取り決
　　めを行うこと」とするよう示されている。

> **問15** 通信制高等学校の設置者は、自校の生徒が多く所属し、自校の
> 通信教育に関する学習活動等のサポートが行われている教育施設が
> ある場合には、当該施設と連携協力するつもりはなくても、当該施
> 設を「通信教育連携協力施設」として扱う必要があるか。

　通信制高等学校の設置者は、自ら以外の者が設置する学校又は施設を「通信教育連携協力施設」として位置付ける場合には、設置者間で連携協力に係る同意書や連携協力協定等の取り決めを行うなどにより、その施設の設置者の同意を得なければならない（通信教育課程第3条第1項柱書後段）。

　一方で、本問のように、設置者間での取り決めもないままに、実施校の行う通信教育に関する学習サポート等の活動を事実上行う施設が、実施校の設置者がその存在を認識していないところで出現することも想定される。実施校の設置者としては、こうした施設について、たとえ連携協力するつもりはなくても、当該施設が学習サポート等の活動を行っている以上、通信教育連携協力施設として位置付ける必要が生じるか、実施上問題になる。なぜなら、仮に、これらの施設も通信教育連携協力施設として位置付ける必要があるとすれば、実施校の設置者は、設置者間の取り決めを定めた上で、当該施設を学則に記載したり（施行細則第4条第2項第2号、通信教育規程第4条第2項）、通信教育連携協力施設が備えるべき基準を当該施設が満たすことの確認を行ったり（通信教育規程第10条の2）すべきことになるからである。

　ここで、通信教育連携協力施設として位置付けることを必要とする趣旨に立ち返って考えるに、それは、通信教育を実施する場として自ら使用する以上、実施校の設置者としても、その教育水準の確保に責任をもつものであることを明らかにすることにあると解される。そうだとすれば、上記のような施設は、その存在すら実施校の設置者から認識されるものではなく、実施校の設置者が自ら使用する関係にはないから、上記の趣旨は妥当しないといえる。したがって、実施校の設置者は、上記のような施設について、必ずしも通信教育連携協力施設として位置付けなければならないわけではないと考えられる。

　もっとも、上記のような施設であっても、当該施設の生徒募集や学習サポート等の活動に実施校も関与する事実があるなど、実質的な連携協力関係が認められる場合には、通信教育を実施する上で当該施設を自ら使用する関係にはないとはもはやいえないのであるから、たとえ設置者間での取り決めが形式的に存在しないとしても、実施校の設置者は当該施設を通信教育連携協力施設に位置付けなければならないと考えるべきであろう。

> **問 16　体育の面接指導に限って近隣のスポーツセンターを使用することを予定する場合には、当該スポーツセンターを「通信教育連携協力施設」として位置付ける必要があるか。**

　通信制高等学校は、特別の事情があり、かつ、教育上及び安全上支障がない場合には、通信教育連携協力施設に位置付けずとも、他の学校等の施設及び設備を一時的に使用することができる（通信教育規程第11条）。そして、一時的に使用する施設及び設備は、通信教育連携協力施設とは異なり、あらかじめ学則に定めるなどの手続を必要としない。

　ここで「一時的に使用する」とは、たとえば、近隣のスポーツセンター等の施設及び設備を体育の面接指導に限って使用する場合や、音楽の面接指導において有名ピアニストによる特別講義を交えた指導を行うために、その指導場面に限って地域の文化会館等の音楽ホールを使用する場合などが挙げられる。

　したがって、本問のように、近隣のスポーツセンターを体育の面接指導に限って使用することは「一時的に使用する」ものであるといえるから、特別の事情があり、かつ、教育上及び安全上支障がない場合には、当該スポーツセンターを通信教育連携協力施設として位置付けずとも（すなわち学則に記載するなどせずとも）、その施設及び設備を使用することは可能である。

> **問17 通信教育連携協力施設が備えるべき編制、施設及び設備の基準に関し、どのような内容が定められているか。**

令和3年改正では、「通信教育連携協力施設が備えるべき編制、施設及び設備の基準」として、通信教育連携協力施設の類型（①面接指導等実施施設、②学習等支援施設）に応じて、その基本的な考え方が定められている。

①面接指導等実施施設の編制、施設及び設備については、通信制高等学校の本校が最低限備えるべき教育環境と同等以上の教育環境が備えられることが必要となる（通信教育規程第10条の2第1項）。具体的には、面接指導等実施施設ごとの個別事情に応じながらも、第5条（教諭の数等）、第6条（事務職員の数）、第7条（施設及び設備の一般的基準）、第8条（校舎の面積）、第9条（校舎に備えるべき施設）、第10条（校具及び教具）といった通信制高等学校の本校に関する基準（以下「本校基準」という。）それぞれに照らして、面接指導や試験等の実施について適切に連携協力を行うことができるといえるものでなければならない。

②学習等支援施設の施設及び設備等については、教育上及び安全上支障がないことが必要となる（通信教育規程第10条の2第2項）。学習等支援施設は、面接指導や試験等の通信教育そのものの連携協力を行うものではないため、面接指導等実施施設とは異なり、通信制高等学校の本校が最低限備えるべき教育環境と同等以上の教育環境まで必要となるわけではない。もっとも、学校教育の一端を担う施設として、社会通念上一般に教育上及び安全上支障がないといえるものでなければならない。

> **問18 個々の通信教育連携協力施設について、「通信教育連携協力施設が備えるべき編制、施設及び設備の基準」を満たしているか否かは、誰がどのように確認するべきか。**

個々の通信教育連携協力施設について、「通信教育連携協力施設が備えるべき施設、施設及び設備の基準」に適合すること（以下「基準適合性」とい

う。) は、当該施設を通信教育連携協力施設として位置付ける通信制高等学校の設置者が確認することが定められている（通信教育規程第 10 条の 2 第 3 項前段）。

そして、上記の基準適合性の確認は、通信教育連携協力施設の類型（面接指導等実施施設、学習等支援施設）に応じて、通信教育規程第 10 条の 2 第 1 項又は第 2 項に定める基準（▶▶問 17 参照）に則って行う必要がある。加えて、私立の通信制高等学校の場合には、所轄庁である都道府県等が定める認可基準（▶▶問 20 参照）にも則って確認する必要がある。

また、通信制高等学校の所在する都道府県の区域外に通信教育連携協力施設を設ける場合には、当該施設が所在する都道府県において、通信制高等学校の設置等に関する認可基準が独自に設けられ公表されているときは、当該通信制高等学校の設置者は、上記の基準適合性の確認にあたり、その認可基準（▶▶問 21 参照）を参酌して確認する必要がある。

> **問 19　個々の通信教育連携協力施設について、「通信教育連携協力施設が備えるべき編制、施設及び設備の基準」を満たしているか否かは、どのような時に確認する必要があるか。**

個々の通信教育連携協力施設についての基準適合性の確認は、当該通信教育連携協力を設ける通信制高等学校の設置者が、「通信教育連携協力施設を設ける場合」（通信教育規程第 10 条の 2 第 3 項前段）に行う必要がある。

ここで「通信教育連携協力施設を設ける場合」とは、新たな通信教育連携協力施設の設置と、設置後の維持運営も併せ持つ意味であると解されている(※)。したがって、通信教育連携協力施設を新たに設ける場合に基準適合性の確認を行うのはもちろんのこと、設けた後であっても当該基準に従って適切に維持管理されていることを確認しなければならない。

（※）文部科学省初等中等教育局長「学校教育法施行規則等の一部を改正する省令等の公布について（通知）」（令和 3 年 3 月 31 日・2 文科初第 2124 号）では、

「通信教育規程第10条の2第3項に定める『通信教育連携協力施設を設ける場合』とは、新たな通信教育連携協力施設の設置と設置後の維持運営を併せ持つ意味であることから、通信教育連携協力施設が同条第1項及び第2項に定める基準に適合することについて、通信教育連携協力施設を新たに設ける場合に確認を行うとともに、設けた後も当該基準に従って適切に維持管理されていることの確認を行うべきであること。また、通信教育連携協力施設を設けた後に、通信教育規程第4条第2項に規定する通信教育連携協力施設ごとの定員を変更しようとする場合においても、同様に確認を行うこととすること。」が示されている。

問20 「通信教育連携協力施設が備えるべき編制、施設及び設備の基準」について、通信教育規程に定めるもののほか、都道府県等が独自に設けることはできるか。

各都道府県等においては、私立学校の設置・廃止等を認可する[※]にあたっての審査基準などとして、通信制高等学校の設置・廃止等に関する認可基準が定められている。そして、こうした通信制高等学校の設置・廃止等に関する認可基準の一つとして、各都道府県等において、「通信教育連携協力施設が備えるべき編制、施設及び設備の基準」を独自に設けて運用することは可能である。

その認可基準の内容は、地方自治の下に、法令の範囲内において、地域の実情に応じながら、各都道府県等が適切と考える基準をもって設けることができる。もっとも、通信教育規程は通信制高等学校が満たすべき最低基準を定める法令であることを踏まえれば、各都道府県等においては、認可基準を設けるにあたり、通信教育規程に定める基準を下回ることがないように定めることが必要となる。

[※] 学校法人立学校の設置廃止等は都道府県知事の認可を、株式会社立学校の設置廃止等は構造改革特別区域法第12条第1項の認定を受けた地方公共団体の長の認可を、それぞれ受けなければならない（法第4条第1項第3号・構

造改革特別区域法第 12 条第 1 項）。なお、高等学校の設置廃止等に認可を要するものとしては、これら私立学校（学校法人立学校及び株式会社立学校）のほか、市町村立学校も挙げられる（法第 4 条第 1 項第 2 号）が、議論の複雑化を回避するため、本書ではこの点は省略して検討する。

> **問 21　通信制高等学校の所在する都道府県の区域外に通信教育連携協力施設を設ける場合には、どのような点に留意する必要があるか。**

通信制高等学校の所在する都道府県の区域外に通信教育連携協力施設（以下「区域外所在施設」という。）を設ける場合には、当該通信制高等学校の設置者は、当該区域外所在施設が所在する都道府県において、通信制高等学校の設置等に関する認可基準が独自に設けられ公表されているときは、その認可基準（以下「所在地認可基準」という。）を参酌して、当該区域外所在施設についての基準適合性を確認しなければならない。

たとえば、都道府県 A に所在する通信制高等学校の設置者が、都道府県 B に通信教育連携協力施設を設ける場合には、当該施設は区域外所在施設に該当することから、当該通信制高等学校の設置者は、当該施設の所在地である都道府県 B が定める認可基準を参酌しながら、当該施設についての基準適合性を確認する必要がある。

> **問 22　令和 3 年改正前から連携協力を行っているサテライト施設であっても、「通信教育連携協力施設が備えるべき編制、施設及び設備の基準」を満たす必要があるか。**

改正前から連携協力を行っているサテライト施設であっても、改正後にも引き続き連携協力を行う場合には、通信教育連携協力施設として位置付けることが必要となる。そして、通信制高等学校の設置者が、通信教育連携協力施設として位置付けるには、当該施設が改正前から連携協力を行っていたかどうかにかかわらず、基準適合性の確認を行わなければならない。

したがって、改正前から連携協力を行っているサテライト施設であっても、改正後にも引き続き連携協力を行う場合には、原則として基準を満たすことが必要になる。

問23　令和3年改正前から連携協力を行っているサテライト施設について、仮に「通信教育連携協力施設が備えるべき編制、施設及び設備の基準」を満たさない場合には、どのように考えればよいか。

通信制高等学校の設置者は、改正前から連携協力を行っているサテライト施設であっても、引き続き連携協力を行う場合には、通信教育連携協力施設として位置付けることが必要になる。基準適合性の確認をした結果、基準を満たさないと判断する場合には、当該基準を満たすために必要な改善を行った上で改めて基準適合性の確認をしたり、当該施設との連携協力を取り止めたりするなどが考えられる。このほか、面接指導等実施施設としての基準を満たさないと判断する場合には、当該施設について、面接指導等実施施設ではなく、学習等支援施設として位置付けることを検討するなども考えられる。

もっとも、改正前から連携協力を行っているサテライト施設について、連携協力を取り止める場合には、在籍生徒に及ぼし得る不利益（在籍生徒に転校・転籍を強いる結果を招くなど）を考慮しつつ、そうした不利益を可能な限り及ぼすことがないよう、たとえば当該施設に現に属する生徒が卒業するまでの間は引き続き連携協力を行うなど、弾力的に対応することが望まれる。

問24　通信制高等学校の学則について、今般の改正に伴って変更が必要となる場合には、令和3年改正の施行日（令和4年4月1日）までに学則変更を行う必要があるか。

通信制高等学校の学則は、令和3年改正の施行日（令和4年4月1日）以後は、原則として、改正後の施行規則及び通信教育規程等の適用を受けるため、同日までに改正後の法令に対応したものへ変更することが求められる。

　具体的には、令和3年改正により、①通信教育連携協力施設に関する事項（施行規則第4条第2項第2号）、②通信教育連携協力施設ごとの定員に関する事項（通信教育規程第4条第2項）について、新たに学則に記載しなければならないこととなるため、これらの改正に対応して学則変更を行う必要がある。

　もっとも、令和3年改正の施行日までに設置されている通信制高等学校に対しては、学則変更についての経過措置が設けられている。具体的には、必ずしも令和3年改正の施行日（令和4年4月1日）までに変更せずとも、同日以後で最初に学則変更の認可申請を行う日、又は令和5年3月31日のいずれか早い日までに変更すればよいことが定められている（改正省令附則第2条）。

問25　私立の広域通信制高等学校の学則について、今般の改正に伴って形式的な変更や軽微な変更を行う場合であったとしても、所轄庁の認可を受ける必要があるか。

　私立の広域通信制高等学校の場合には、学則変更を行うにあたり、所轄庁の認可を受けなければならない（法第4条第1項・施行令第23条第1項第11号）。こうした学則変更の認可は、たとえ今般の改正に伴う形式的な変更や軽微な変更であったとしても、受けなければならない点は変わらない。

　もっとも、形式的な変更や軽微な変更を理由とする学則変更であれば、必ずしも令和3年改正が適用される日までに行う必要はなく、今後、実質的な変更を理由とする学則変更を行う際に、まとめて変更すれば足りると考えられる。

4. 各論Ⅲ（学校運営改善の推進関係）

(1) 学校評価の趣旨明確化関係

> **問 26　通信制高等学校における学校評価はどのように行う必要がある
> か。**

　学校教育法では、各学校は、自らの教育活動や学校運営について評価を行
い、その評価結果に基づき、学校における課題等を把握し、組織的・継続的
に学校運営の改善を図ることにより、その教育水準の向上に努めることが定
められている（法第 42 条及び第 62 条）。具体的には、自己評価の実施及びそ
の結果の公表が義務付けられる（施行規則第 66 条第 1 項）とともに、その自
己評価の結果に基づき、学校関係者評価の実施及びその結果の公表に努める
こととされる（施行規則第 67 条）。

　通信制高等学校についても、高等学校の一課程として、上記の学校評価制
度が同様に適用される（法第 62 条・施行規則第 104 条第 1 項）。そのため、各
通信制高等学校においては、全日制・定時制課程と同様に、文部科学省「学
校評価ガイドライン〔平成 28 年改訂〕」（平成 28 年 3 月 22 日）等を踏まえつ
つ、少なくとも 1 年度間に 1 回は学校評価を行うことが望まれる。

　また、学校評価の実施にあたっては、各学校の置かれた状況は様々である
ことから、各学校の実情に応じ、評価項目を適切に設定して行うとされる
（施行規則第 66 条第 2 項・施行規則第 104 条第 1 項）。通信制高等学校において
は、多種多様なサテライト施設が設けられ、サテライト施設ごとに教育活動
や運営等の状況は様々であるから、こうした実態を適切に反映して、サテラ
イト施設ごとの状況を評価できるよう評価項目を設定することが望まれる。

　令和 3 年改正では、こうした趣旨が明確化されるよう、通信制高等学校は、
通信教育連携協力施設を設ける場合には、通信教育連携協力施設ごとに、そ
の連携協力に係る活動の状況について、自己評価の実施・公表を行い、学校
関係者評価の実施・公表に努めるものとすることを定めている（通信教育規

程第13条第1項及び第2項）。また、その評価結果に基づき、通信教育連携協力施設ごとの活動状況に関する組織的・継続的な改善を図ることができるよう、必要な措置を講ずるものとすることを定めている（通信教育規程第13条第3項）。

問27　専修学校を面接指導等実施施設に位置付けて連携協力を行う場合には、通信制高等学校が行う学校評価の対象として、専修学校が独自に実施する授業等も含める必要があるか。

　通信制高等学校は、通信教育連携協力施設を設ける場合には、通信教育連携協力施設ごとに、その連携協力に係る活動の状況について、自己評価の実施・公表を行い、学校関係者評価の実施・公表に努めるものとすることが定められている（通信教育規程第13条第1項及び第2項）。

　ここでの評価の対象は、「通信教育連携協力施設における連携協力に係る活動の状況」（通信教育規程第13条第1項）と定められている。すなわち、通信教育連携協力施設における活動の中でも、通信制高等学校と通信教育連携協力施設との取り決め等に基づき連携協力して実施されるもの（以下本問において「連携協力活動」という。）の状況が評価の対象となる。

　したがって、本問のように、専修学校を面接指導等実施施設に位置付けて連携協力を行う場合には、通信制高等学校が行う学校評価は、当該専修学校との連携協力活動の状況を対象にすればよいのであって、当該専修学校の教育課程として独自に実施する授業等の教育活動を対象に含める必要はない。

(2) 情報公表の趣旨明確化関係

問28　通信制高等学校における情報公表はどのように行う必要があるか。

　学校教育法では、各学校は、保護者や地域住民等の理解を深め、家庭や地

域等との連携協力を推進するため、当該学校の教育活動その他の学校運営の状況に関する情報を積極的に提供することが定められている（法第43条）。

　通信制高等学校についても、高等学校の一課程として、上記の積極的な情報提供に係る制度が同様に適用される（法第62条）。そのため、各通信制高等学校においては、全日制・定時制課程と同様に、公的な教育機関として社会への説明責任を果たし、外部から適切な評価を受けながら教育水準の向上を図ることができるよう、積極的な情報提供を行うことが必要となる。

　また、通信制高等学校は、通信教育を取り巻く制度の自由度（柔軟性）の高さを背景に、たとえば、オンライン授業を組み込んだメディア指導や、合宿等を伴って特定時期に集中的に行う面接指導（集中スクーリング）が実施されるなど、その教育方法は多様化しており、通信制課程との括りだけでは想像できないほどに、それぞれの学校によって教育実態が大きく異なっている。さらには、本校以外にも多種多様なサテライト施設が設けられ、サテライト施設ごとに教育活動や運営状況等も異なっている。こうした通信制課程固有の実情を背景に、通信制高等学校においては、具体的な情報提供を行うにあたり、通信制高等学校に関する基礎的情報を含めて、教育活動や学校運営等の状況に関する情報について、積極的に公表されることが一層求められている。

　令和3年改正では、これらを踏まえ、通信制高等学校は、通信教育連携協力施設ごとの教育活動等の状況を含め、以下①から⑨までに掲げる教育活動等の基本的な状況についての情報を公表するものとすることを定めている（通信教育規程第14条第1項）。

①学科の組織、学科・通信教育連携協力施設ごとの定員に関すること
②通信教育を行う区域に関すること
③通信教育連携協力施設ごとの名称・位置に関すること
④教員・職員の数その他教職員組織に関すること
⑤入学、退学、転学、休学及び卒業に関すること（入学者数、在籍生徒数、退学・転学者数、卒業者数、卒業後の進路状況を含む。）

⑥通信教育実施計画に関すること

⑦校地、校舎等の施設・設備その他の生徒の教育環境に関すること

⑧授業料、入学料その他の費用徴収に関すること

⑨生徒の学習活動、進路選択及び心身の健康等に係る支援に関すること

> **問29　専修学校を面接指導等実施施設に位置付けて連携協力を行う場合には、通信制高等学校が行う情報公表の対象として、専修学校が独自に実施する授業等のみを担当する教職員数や、そうした授業等のみを受講する生徒数も含める必要があるか。**

通信制高等学校は、通信教育連携協力施設ごとの教育活動等の状況についても情報を公表することが定められている（通信教育規程第 14 条第 1 項）。

ここでの情報公表の対象は、通信制高等学校と通信教育連携協力施設との取り決め等に基づき連携協力して実施されるもの（以下本問において「連携協力活動」という。）に関係を有する範囲に限られるものと解される。

したがって、本問のように、専修学校を面接指導等実施施設に位置付けて連携協力を行う場合には、通信制高等学校が行う情報公表は、当該専修学校との連携協力活動に関係を有する範囲を対象にすればよいのであって、当該専修学校の教育課程として独自に実施する授業等のみを担当する教職員数や、そうした授業等のみを受講する生徒数を上記④及び⑤に掲げる事項に含める必要はない。

> **問30　情報公表の対象となる事項について、学校ホームページ上のどこかのウェブページで確認できる状態となっていれば、それらを集約して公表しなくてもよいか。**

情報公表の方法としては、学校ホームページ等での公表や刊行物への掲載など、広く周知を図る方法により行うことが考えられる。学校ホームページ等で公表を行う場合には、情報公表を目的とするページを設けて、情報公表

の対象となる事項等を体系的に整理して発信するなど、分かりやすく周知することができるよう工夫して行うことが望まれる。

　したがって、本問のように、情報公表の対象となる事項等が学校ホームページ上に散在しているとすれば、分かりやすさに欠けるため、必ずしも望ましいものとはいえない。

参考資料

1. 高等学校通信教育規程（昭和 37 年文部省令第 32 号）

（趣旨）

第一条 高等学校の通信制の課程については、学校教育法施行規則（昭和二十二年文部省令第十一号）に規定するもののほか、この省令の定めるところによる。

2 この省令で定める基準は、高等学校の通信制の課程において教育を行うために必要な最低の基準とする。

3 通信制の課程を置く高等学校の設置者は、通信制の課程の編制、施設、設備等がこの省令で定める基準より低下した状態にならないようにすることはもとより、これらの水準の向上を図ることに努めなければならない。

（通信教育の方法等）

第二条 高等学校の通信制の課程で行う教育（以下「通信教育」という。）は、添削指導、面接指導及び試験の方法により行うものとする。

2 通信教育においては、前項に掲げる方法のほか、放送その他の多様なメディアを利用した指導等の方法を加えて行うことができる。

3 通信教育においては、生徒に通信教育用学習図書その他の教材を使用して学習させるものとする。

（通信教育連携協力施設）

第三条 通信制の課程を置く高等学校（以下「実施校」という。）の設置者は、通信教育連携協力施設（当該実施校の行う通信教育について連携協力を行う次に掲げる施設をいう。以下同じ。）を設けることができる。この場合において、当該通信教育連携協力施設が他の設置者が設置するものであるときは、実施校の設置者は、当該通信教育連携協力施設の設置者の同意を得なければならない。

一 面接指導又は試験等の実施について連携協力を行う施設（以下「面接指導等実施施設」という。）

二 生徒の進路選択及び心身の健康等に係る相談、添削指導に附帯する事務の実施その他の学習活動等の支援について連携協力を行う施設であつて、面接指導等実施施設以外のもの（第十条の二第二項において「学習等支援施設」とい

う。)

2　面接指導等実施施設は、実施校の分校又は協力校であることを基本とする。ただし、特別の事情があり、かつ、教育上支障がない場合は、大学、専修学校、指定技能教育施設（学校教育法第五十五条の規定による指定を受けた技能教育のための施設をいう。）その他の学校又は施設を面接指導等実施施設とすることができる。

3　前項に規定する協力校とは、実施校の行う通信教育について連携協力を行うものとしてその設置者が定めた高等学校（中等教育学校の後期課程を含む。）をいう。

4　通信教育連携協力施設は、実施校の設置者の定めるところにより実施校の行う通信教育に連携協力を行うものとする。

（通信制の課程の規模）

第四条　実施校における通信制の課程に係る収容定員は、二百四十人以上とする。ただし、特別の事情があり、かつ、教育上支障がない場合は、この限りでない。

2　実施校の設置者は、前条第一項の規定により通信教育連携協力施設を設ける場合には、実施校の通信制の課程に係る収容定員のうち、通信教育連携協力施設ごとの定員を学則で定めるものとする。

（面接指導を受ける生徒数）

第四条の二　同時に面接指導を受ける生徒数は、少人数とすることを基本とし、四十人を超えてはならない。

（通信教育実施計画の作成等）

第四条の三　実施校の校長は、通信教育の実施に当たつては、次に掲げる事項を記載した計画（第十四条第一項第二号において「通信教育実施計画」という。）を作成し、生徒に対して、あらかじめ明示するものとする。

　一　通信教育を実施する科目等（学校教育法施行規則別表第三に定める各教科に属する科目、総合的な探究の時間及び特別活動をいう。次号及び第三号において同じ。）の名称及び目標に関すること。

　二　通信教育を実施する科目等ごとの通信教育の方法及び内容並びに一年間の通信教育の計画に関すること。

　三　通信教育を実施する科目等ごとの学習の成果に係る評価及び単位の修得の認

定に当たつての基準に関すること。

（教諭の数等）

第五条　実施校における通信制の課程に係る副校長、教頭、主幹教諭、指導教諭及び教諭の数は、五人以上とし、かつ、教育上支障がないものとする。

2　前項の教諭は、特別の事情があり、かつ、教育上支障がない場合は、助教諭又は講師をもつてこれに代えることができる。

3　実施校に置く教員等は、教育上必要と認められる場合は、他の学校の教員等と兼ねることができる。

（事務職員の数）

第六条　実施校には、生徒数に応じ、相当数の通信制の課程に係る事務職員を置かなければならない。

（施設及び設備の一般的基準）

第七条　実施校の施設及び設備は、指導上、保健衛生上、安全上及び管理上適切なものでなければならない。

（校舎の面積）

第八条　通信制の課程のみを置く高等学校（以下「独立校」という。）の校舎の面積は、一、二〇〇平方メートル以上とする。ただし、次条第四項の規定により、他の学校等の施設を兼用する場合又は地域の実態その他により特別の事情があり、かつ、教育上支障がない場合は、この限りでない。

（校舎に備えるべき施設）

第九条　実施校の校舎には、少なくとも次に掲げる施設を備えなければならない。

一　教室（普通教室、特別教室等とする。）

二　図書室、保健室

三　職員室

2　前項に掲げる施設のほか、必要に応じて、専門教育を施すための施設を備えるものとする。

3　全日制の課程又は定時制の課程を併置する実施校における第一項第一号及び第二号に掲げる施設については、当該各号に掲げる施設に相当する全日制の課程又は定時制の課程で行う教育の用に供する施設を兼用することができる。

4　独立校における第一項第一号及び第二号に掲げる施設については、当該独立校

と同一の敷地内又は当該独立校の敷地の隣接地に所在する他の学校等の当該各号に掲げる施設に相当する施設を兼用することができる。

（校具及び教具）

第十条 実施校には、学科の種類、生徒数等に応じ、指導上、保健衛生上及び安全上必要な種類及び数の校具及び教具を備えなければならない。

2 前項の校具及び教具は、常に改善し、補充しなければならない。

（通信教育連携協力施設の編制、施設及び設備）

第十条の二 面接指導等実施施設の編制、施設及び設備は、当該面接指導等実施施設に係る学校又は施設の種類、連携協力の内容及びその定員その他の事情を勘案し、前六条に定める基準に照らして、面接指導又は試験等の実施について適切に連携協力を行うことができるものでなければならない。

2 学習等支援施設の施設及び設備等は、教育上及び安全上支障がないものでなければならない。

3 実施校の設置者は、第三条第一項の規定により通信教育連携協力施設を設ける場合には、当該通信教育連携協力施設が前二項の基準に適合することについて、確認を行うものとする。この場合において、当該通信教育連携協力施設が実施校の存する都道府県の区域外に所在するときは、その所在地の都道府県知事が定める高等学校の通信制の課程の設置の認可に係る基準（当該基準が定められていないとき又は公表されていないときを除く。）を参酌して当該確認を行わなければならない。

（他の学校等の施設及び設備の使用）

第十一条 通信教育連携協力施設の施設及び設備を使用する場合並びに第九条第四項に規定する場合のほか、実施校は、特別の事情があり、かつ、教育上及び安全上支障がない場合は、他の学校等の施設及び設備を一時的に使用することができる。

（定時制の課程又は他の通信制の課程との併修）

第十二条 実施校の校長は、当該実施校の通信制の課程の生徒が、当該校長の定めるところにより当該高等学校の定時制の課程又は他の高等学校（中等教育学校の後期課程を含む。）の定時制の課程若しくは通信制の課程において一部の科目又は総合的な探究の時間の単位を修得したときは、当該修得した単位数を当該実施

校が定めた全課程の修了を認めるに必要な単位数のうちに加えることができる。

2　定時制の課程を置く高等学校の校長は、当該高等学校の定時制の課程の生徒が、当該校長の定めるところにより当該高等学校の通信制の課程又は他の高等学校（中等教育学校の後期課程を含む。）の通信制の課程において一部の科目又は総合的な探究の時間の単位を修得したときは、当該修得した単位数を当該定時制の課程を置く高等学校が定めた全課程の修了を認めるに必要な単位数のうちに加えることができる。

3　前二項の規定により、高等学校の通信制の課程又は定時制の課程の生徒（以下この項において単に「生徒」という。）が当該高等学校の定時制の課程若しくは通信制の課程又は他の高等学校（中等教育学校の後期課程を含む。以下この項において同じ。）の定時制の課程若しくは通信制の課程において一部の科目又は総合的な探究の時間の単位を修得する場合においては、当該生徒が一部の科目又は総合的な探究の時間の単位を修得しようとする課程を置く高等学校の校長は、当該生徒について一部の科目又は総合的な探究の時間の履修を許可することができる。

4　第一項又は第二項の場合においては、学校教育法施行規則第九十七条の規定は適用しない。

（通信教育連携協力施設における連携協力の状況の評価）

第十三条　実施校は、第三条第一項の規定により通信教育連携協力施設を設ける場合においては、通信教育連携協力施設ごとに、当該通信教育連携協力施設における連携協力に係る活動の状況について評価を行い、その結果を公表するものとする。

2　実施校は、前項の規定による評価の結果を踏まえた当該通信教育連携協力施設において通信教育を受ける生徒の保護者その他の当該通信教育連携協力施設の関係者（当該実施校及び当該通信教育連携協力施設の職員を除く。）による評価を行い、その結果を公表するよう努めるものとする。

3　実施校は、第一項の規定による評価の結果及び前項の規定により評価を行つた場合はその結果を、当該実施校の設置者に報告するとともに、これらの結果に基づき、当該通信教育連携協力施設における連携協力に係る活動の改善を図るため必要な措置を講ずるものとする。

（情報の公表）

第十四条　実施校は、次に掲げる教育活動等の状況（第四号から第九号までに掲げる事項にあつては、通信教育連携協力施設ごとの当該教育活動等の状況を含む。）についての情報を公表するものとする。

　　一　学科の組織並びに学科及び通信教育連携協力施設ごとの定員に関すること。

　　二　通信教育を行う区域に関すること。

　　三　通信教育連携協力施設ごとの名称及び位置に関すること。

　　四　教員及び職員の数その他教職員組織に関すること。

　　五　入学、退学、転学、休学及び卒業に関すること（入学者の数、在籍する生徒の数、退学若しくは転学又は卒業した者の数並びに進学者数及び就職者数その他進学及び就職等の状況を含む。）。

　　六　通信教育実施計画に関すること。

　　七　校地、校舎等の施設及び設備その他の生徒の教育環境に関すること。

　　八　授業料、入学料その他の費用徴収に関すること。

　　九　生徒の学習活動、進路選択及び心身の健康等に係る支援に関すること。

２　前項の規定による情報の公表は、適切な体制を整えた上で、刊行物への掲載、インターネットの利用その他広く周知を図ることができる方法によつて行うものとする。

（施行日：令和４年４月１日）

2. 学校教育法施行規則等の一部を改正する省令
（令和 3 年文部科学省令第 14 号）

○文部科学省令第十四号

　学校教育法（昭和二十二年法律第二十六号）第三条、第五十二条、第五十四条第四項（第七十条第一項において準用する場合を含む。）、第五十九条（第七十条第一項及び第八十二条において準用する場合を含む。）、第六十八条、第七十七条及び第百四十二条の規定並びに学校教育法施行令（昭和二十八年政令第三百四十号）第二十四条の二の規定に基づき、学校教育法施行規則等の一部を改正する省令を次のように定める。

　　　令和三年三月三十一日

　　　　　　　　　　　　　　　文部科学大臣　萩生田　光一

　　　学校教育法施行規則等の一部を改正する省令

（学校教育法施行規則の一部改正）

第一条　学校教育法施行規則（昭和二十二年文部省令第十一号）の一部を次のように改正する。

　　次の表により、改正前欄に掲げる規定の傍線を付した部分をこれに順次対応する改正後欄に掲げる規定の傍線を付した部分のように改め、改正前欄に掲げるその標記部分（〔　〕で注記した項番号を含む。以下同じ。）に二重傍線を付した規定（以下「対象規定」という。）で改正後欄にこれに対応するものを掲げていないものは、これを削り、改正後欄に掲げる対象規定で改正前欄にこれに対応するものを掲げていないものは、これを加える。

改正後	改正前
第四条　〔略〕 〔②〕　前項各号に掲げる事項のほか、通信制の課程を置く高等学校（中等教育学校の後期課程を含む。第五条第三項において同じ。）につ	第四条　〔同左〕 〔②〕　前項各号に掲げる事項のほか、通信制の課程を置く高等学校（中等教育学校の後期課程を含む。以下この項において同じ。）につい

いては、前条の学則中に、次の事項を記載しなければならない。

一　[略]

二　通信教育連携協力施設（高等学校通信教育規程（昭和三十七年文部省令第三十二号）第三条第一項に規定する通信教育連携協力施設をいう。第五条第三項において同じ。）に関する事項

[号を削る。]

[③]　[略]

ては、前条の学則中に、次の事項を記載しなければならない。

一　[同左]

二　通信教育について協力する高等学校に関する事項

三　通信制の課程を置く高等学校又は前号に規定する高等学校以外の施設で高等学校通信教育規程（昭和三十七年文部省令第三十二号）第二条第一項に規定する面接指導又は試験を行う場合の当該施設に関する事項

[③]　[同左]

第五条　[略]

[②]　[略]

[③]　高等学校の広域の通信制の課程（学校教育法第五十四条第三項（同法第七十条第一項において準用する場合を含む。）に規定する広域の通信制の課程をいう。）の通信教育連携協力施設ごとの定員（高等学校通信教育規程第四条第二項に規定する通信教育連携協力施設ごとの定員をいう。）又は私立学校の収容定員に係る学則の変更についての認可の申請又は届出は、それぞれ認可申請書又は届出書に、前項の書類のほか、経費の

第五条　[同左]

[②]　[同左]

[③]　私立学校の収容定員に係る学則の変更についての認可の申請又は届出は、それぞれ認可申請書又は届出書に、前項の書類のほか、経費の見積り及び維持方法を記載した書類並びに当該変更後の収容定員に必要な校地校舎等の図面を添えてしなければならない。

見積り及び維持方法を記載した書類並びに当該変更後の<u>定員又は収容定員</u>に必要な校地校舎等の図面を添えてしなければならない。	
第十六条　学校教育法施行令（昭和二十八年政令第三百四十号）第二十四条の二第四号の文部科学省令で定める学則の記載事項は、第四条第一項第一号（修業年限に関する事項に限る。）及び第五号並びに同条第二項<u>各号</u>に掲げる事項とする。 〔②〕　〔略〕	第十六条　学校教育法施行令（昭和二十八年政令第三百四十号）第二十四条の二第四号の文部科学省令で定める学則の記載事項は、第四条第一項第一号（修業年限に関する事項に限る。）及び第五号並びに同条第二項<u>第一号及び第二号</u>に掲げる事項とする。 〔②〕　〔同左〕
第七十九条の六　〔略〕 2　義務教育学校の後期課程の教育課程については、第五十条第二項、第五十五条から第五十六条の四まで及び第七十二条の規定並びに第七十四条の規定に基づき文部科学大臣が公示する中学校学習指導要領の規定を準用する。この場合において、第五十五条から第五十六条までの規定中「第五十条第一項、第五十一条（中学校連携型小学校にあつては第五十二条の三、第七十九条の九第二項に規定する中学校併設型小学校にあつては第七十九条の十二において準用する第七十九条の五第一項）又は第五十二条」とあるのは「第七十九条の五第二項又は第七十九条の六第二項	第七十九条の六　〔同左〕 2　義務教育学校の後期課程の教育課程については、第五十条第二項、第五十五条から第五十六条の四まで及び第七十二条の規定並びに第七十四条の規定に基づき文部科学大臣が公示する中学校学習指導要領の規定を準用する。この場合において、第五十五条から第五十六条までの規定中「第五十条第一項、第五十一条（中学校連携型小学校にあつては第五十二条の三、第七十九条の九第二項に規定する中学校併設型小学校にあつては第七十九条の十二において準用する第七十九条の五第一項）又は第五十二条」とあるのは「第七十九条の五第二項又は第七十九条の六第二項

において準用する第七十二条若しくは第七十四条の規定に基づき文部科学大臣が公示する中学校学習指導要領」と、第五十五条の二中「第三十条第一項」とあるのは「第四十九条の六第二項」と、第五十六条の二及び第五十六条の四中「第五十条第一項、第五十一条（中学校連携型小学校にあつては第五十二条の三、第七十九条の九第二項に規定する中学校併設型小学校にあつては第七十九条の十二において準用する第七十九条の五第一項）及び第五十二条」とあるのは「第七十九条の五第二項並びに第七十九条の六第二項において準用する第七十二条及び第七十四条の規定に基づき文部科学大臣が公示する中学校学習指導要領」と、<u>第五十六条の三</u>中「他の小学校、義務教育学校の前期課程又は特別支援学校の小学部」とあるのは「他の中学校、義務教育学校の後期課程、中等教育学校の前期課程又は特別支援学校の中学部」と読み替えるものとする。

において準用する第七十二条若しくは第七十四条の規定に基づき文部科学大臣が公示する中学校学習指導要領」と、第五十五条の二中「第三十条第一項」とあるのは「第四十九条の六第二項」と、第五十六条の二及び第五十六条の四中「第五十条第一項、第五十一条（中学校連携型小学校にあつては第五十二条の三、第七十九条の九第二項に規定する中学校併設型小学校にあつては第七十九条の十二において準用する第七十九条の五第一項）及び第五十二条」とあるのは「第七十九条の五第二項並びに第七十九条の六第二項において準用する第七十二条及び第七十四条の規定に基づき文部科学大臣が公示する中学校学習指導要領」と、<u>第五十六条の四</u>中「他の小学校、義務教育学校の前期課程又は特別支援学校の小学部」とあるのは「他の中学校、義務教育学校の後期課程、中等教育学校の前期課程又は特別支援学校の中学部」と読み替えるものとする。

第九十七条　校長は、教育上有益と認めるときは、生徒が当該校長の定めるところにより他の高等学校又は中等教育学校の後期課程において一部の<u>科目又は総合的な学習の時間</u>の単位を修得したときは、

第九十七条　校長は、教育上有益と認めるときは、生徒が当該校長の定めるところにより他の高等学校又は中等教育学校の後期課程において一部の<u>科目</u>の単位を修得したときは、当該修得した単位数を当

当該修得した単位数を当該生徒の在学する高等学校が定めた全課程の修了を認めるに必要な単位数のうちに加えることができる。

2　前項の規定により、生徒が他の高等学校又は中等教育学校の後期課程において一部の科目又は総合的な学習の時間の単位を修得する場合においては、当該他の高等学校又は中等教育学校の校長は、当該生徒について一部の科目又は総合的な学習の時間の履修を許可することができる。

3　［略］

第百条　校長は、教育上有益と認めるときは、当該校長の定めるところにより、生徒が行う次に掲げる学修（当該生徒が入学する前に行つたものを含む。）を当該生徒の在学する高等学校における科目の履修とみなし、当該科目の単位を与えることができる。

一　［略］

二　高等学校の別科における学修で高等学校学習指導要領の定めるところに準じて修得した科目に係る学修

三　少年院法（平成二十六年法律第五十八号）の規定による矯正教育で高等学校学習指導要領の定めるところに準じて修得した

該生徒の在学する高等学校が定めた全課程の修了を認めるに必要な単位数のうちに加えることができる。

2　前項の規定により、生徒が他の高等学校又は中等教育学校の後期課程において一部の科目の単位を修得する場合においては、当該他の高等学校又は中等教育学校の校長は、当該生徒について一部の科目の履修を許可することができる。

3　［同左］

第百条　校長は、教育上有益と認めるときは、当該校長の定めるところにより、生徒が行う次に掲げる学修（当該生徒が入学する前に行つたものを含む。）を当該生徒の在学する高等学校における科目の履修とみなし、当該科目の単位を与えることができる。

一　［同左］

二　高等学校の別科における学修で第八十四条の規定に基づき文部科学大臣が公示する高等学校学習指導要領の定めるところに準じて修得した科目に係る学修

［号を加える。］

と認められるものに係る学修	
<u>第百三条の二</u>　<u>高等学校は、当該高等学校、全日制の課程、定時制の課程若しくは通信制の課程又は学科ごとに、次に掲げる方針を定め、公表するものとする。</u> <u>一　高等学校学習指導要領に定めるところにより育成を目指す資質・能力に関する方針</u> <u>二　教育課程の編成及び実施に関する方針</u> <u>三　入学者の受入れに関する方針</u>	［条を加える。］
第百八条　中等教育学校の前期課程の教育課程については、第五十条第二項、第五十五条から第五十六条の四まで及び第七十二条の規定並びに第七十四条の規定に基づき文部科学大臣が公示する中学校学習指導要領の規定を準用する。この場合において、第五十五条から第五十六条までの規定中「第五十条第一項、第五十一条（中学校連携型小学校にあつては第五十二条の三、第七十九条の九第二項に規定する中学校併設型小学校にあつては第七十九条の十二において準用する第七十九条の五第一項）又は第五十二条」とあるのは「第百七条又は第百八条第一項において準用する第七十二条若しくは第七十四条の規定に基づき文部科学大	第百八条　中等教育学校の前期課程の教育課程については、第五十条第二項、第五十五条から第五十六条の四まで及び第七十二条の規定並びに第七十四条の規定に基づき文部科学大臣が公示する中学校学習指導要領の規定を準用する。この場合において、第五十五条から第五十六条までの規定中「第五十条第一項、第五十一条（中学校連携型小学校にあつては第五十二条の三、第七十九条の九第二項に規定する中学校併設型小学校にあつては第七十九条の十二において準用する第七十九条の五第一項）又は第五十二条」とあるのは「第百七条又は第百八条第一項において準用する第七十二条若しくは第七十四条の規定に基づき文部科学大

臣が公示する中学校学習指導要領」と、第五十五条の二中「第三十条第一項」とあるのは「第六十七条第一項」と、第五十六条の二及び第五十六条の四中「第五十条第一項、第五十一条（中学校連携型小学校にあつては第五十二条の三、第七十九条の九第二項に規定する中学校併設型小学校にあつては第七十九条の十二において準用する第七十九条の五第一項）及び第五十二条」とあるのは「第百七条並びに第百八条第一項において準用する第七十二条及び第七十四条の規定に基づき文部科学大臣が公示する中学校学習指導要領」と、<u>第五十六条の三中</u>「他の小学校、義務教育学校の前期課程又は特別支援学校の小学部」とあるのは「他の中学校、義務教育学校の後期課程、中等教育学校の前期課程又は特別支援学校の中学部」と読み替えるものとする。

2 ［略］

第百十三条 ［略］

2 ［略］

3 第八十一条、第八十八条の三、第八十九条、第九十二条、第九十三条、第九十六条から第百条の二まで、第百一条第二項、第百二条、<u>第百三条第一項、第百三条の二（第三号を除く。）</u>及び第百四条第

臣が公示する中学校学習指導要領」と、第五十五条の二中「第三十条第一項」とあるのは「第六十七条第一項」と、第五十六条の二及び第五十六条の四中「第五十条第一項、第五十一条（中学校連携型小学校にあつては第五十二条の三、第七十九条の九第二項に規定する中学校併設型小学校にあつては第七十九条の十二において準用する第七十九条の五第一項）及び第五十二条」とあるのは「第百七条並びに第百八条第一項において準用する第七十二条及び第七十四条の規定に基づき文部科学大臣が公示する中学校学習指導要領」と、<u>第五十六条の四中</u>「他の小学校、義務教育学校の前期課程又は特別支援学校の小学部」とあるのは「他の中学校、義務教育学校の後期課程、中等教育学校の前期課程又は特別支援学校の中学部」と読み替えるものとする。

2 ［同左］

第百十三条 ［同左］

2 ［同左］

3 第八十一条、第八十八条の三、第八十九条、第九十二条、第九十三条、第九十六条から第百条の二まで、第百一条第二項、第百二条、<u>第百三条第一項及び第百四条第二項</u>の規定は、中等教育学校の後期

167

二項の規定は、中等教育学校の後期課程に準用する。この場合において、第九十六条第一項中「第八十五条、第八十五条の二又は第八十六条」とあるのは「第百八条第二項において読み替えて準用する第八十五条、第八十五条の二又は第八十六条」と、「第八十三条又は第八十四条」とあるのは「第百八条第二項において準用する第八十三条又は第八十四条の規定に基づき文部科学大臣が公示する高等学校学習指導要領」と読み替えるものとする。

課程に準用する。この場合において、第九十六条第一項中「第八十五条、第八十五条の二又は第八十六条」とあるのは「第百八条第二項において読み替えて準用する第八十五条、第八十五条の二又は第八十六条」と、「第八十三条又は第八十四条」とあるのは「第百八条第二項において準用する第八十三条又は第八十四条の規定に基づき文部科学大臣が公示する高等学校学習指導要領」と読み替えるものとする。

備考　表中の［　］の記載及び対象規定の二重傍線を付した標記部分を除く全体に付した傍線は注記である。

（高等学校設置基準の一部改正）

第二条　高等学校設置基準（平成十六年文部科学省令第二十号）の一部を次のように改正する。

次の表により、改正前欄に掲げる規定の傍線を付し又は破線で囲んだ部分をこれに対応する改正後欄に掲げる規定の傍線を付し又は破線で囲んだ部分のように改め、改正後欄に掲げる対象規定で改正前欄にこれに対応するものを掲げていないものは、これを加える。

改正後	改正前
目次 第一章　［略］ 第二章　学科（第五条-第六条の二）	目次 第一章　［同左］ 第二章　学科（第五条・第六条）

第三章　［略］ 第四章　施設及び設備（第十二条- 　　第十八条） 第五章　関係機関等との連携協力 　　（第十九条-第二十一条）	第三章　［同左］ 第四章　施設及び設備（第十二条- 　　第十八条）
附則	附則
第六条　前条第一号に定める学科は、 　普通科その他普通教育を施す学科 　として適当な規模及び内容がある 　と認められる学科とする。 2・3　［略］	第六条　前条第一号に定める学科は、 　普通科とする。 2・3　［同左］
（学科の名称） 第六条の二　高等学校の学科の名称 　は、学科として適当であるととも 　に、当該学科に係る学校教育法施 　行規則（昭和二十二年文部省令第 　十一号）第百三条の二各号に掲げ 　る方針（第十九条において「方 　針」という。）にふさわしいもの 　とする。	［条を加える。］
第五章　関係機関等との連携協力 　　（関係機関等との連携協力体制の 　　整備） 第十九条　高等学校は、当該高等学 　校に置く学科に係る方針を踏まえ、 　当該学科における教育活動その他 　の学校運営を行うに当たり、当該 　高等学校が所在する地域の行政機 　関、事業者、大学等（大学、高等 　専門学校及び専門課程を置く専修	［章を加える。］ ［条を加える。］

学校をいう。以下同じ。）、国の機関、国際機関その他の関係機関及び関係団体との連携協力体制の整備に努めなければならない。	
（学際領域に関する学科における関係機関等との連携協力体制の整備） 第二十条　普通教育を主とする学科のうち、学際的な分野に関する学校設定教科（学校教育法施行規則別表第三（一）及び（二）の表の上欄に掲げる各教科以外の教科をいう。以下同じ。）に関する科目を開設する学科（次項において「学際領域に関する学科」という。）を置く高等学校は、当該科目の開設及び実施その他の学校運営の円滑かつ効果的な実施を図るため、大学等、国の機関又は国際機関その他の国際的な活動を行う国内外の機関若しくは団体との連携協力体制を整備するものとする。 2　学際領域に関する学科を置く高等学校は、前項の連携協力体制の整備に関し、関係機関及び関係団体との連携協力が円滑に行われるよう、連絡調整を行う職員の配置その他の措置を講ずるよう努めるものとする。	［条を加える。］
（地域社会に関する学科における関係機関等との連携協力体制の整	

備）	［条を加える。］
第二十一条　普通教育を主とする学科のうち、地域社会に関する学校設定教科に関する科目を開設する学科（次項において「地域社会に関する学科」という。）を置く高等学校は、当該科目の開設及び実施その他の学校運営の円滑かつ効果的な実施を図るため、当該高等学校が所在する地域の行政機関又は事業者その他の地域の活性化に資する活動を行う機関若しくは団体との連携協力体制を整備するものとする。	
２　地域社会に関する学科を置く高等学校は、前項の連携協力体制の整備に関し、関係機関及び関係団体との連携協力が円滑に行われるよう、連絡調整を行う職員の配置その他の措置を講ずるよう努めるものとする。	

備考　表中の［　］の記載及び対象規定の二重傍線を付した標記部分を除く全体に付した傍線は注記である。

（高等学校通信教育規程の一部改正）

第三条　高等学校通信教育規程（昭和三十七年文部省令第三十二号）の一部を次のように改正する。

　次の表により、改正前欄に掲げる規定の傍線を付した部分をこれに順次対応する改正後欄に掲げる規定の傍線を付した部分のように改め、改正前欄及び改正後欄に対応して掲げる対象規定は、改正前欄に掲げる対象規定を改正後欄に掲げる対象規定として移動し、改正後欄に掲げる対象規定で

改正前欄にこれに対応するものを掲げていないものは、これを加える。

改正後	改正前
（通信教育の方法等） 第二条　高等学校の通信制の課程で<u>行う</u>教育（以下「通信教育」という。）は、添削指導、面接指導及び試験の方法により<u>行う</u>ものとする。 2　通信教育においては、前項に掲げる方法のほか、放送その他の多様なメディアを利用した指導等の方法を加えて<u>行う</u>ことができる。 3　［略］	（通信教育の方法等） 第二条　高等学校の通信制の課程で<u>行なう</u>教育（以下「通信教育」という。）は、添削指導、面接指導及び試験の方法により<u>行なう</u>ものとする。 2　通信教育においては、前項に掲げる方法のほか、放送その他の多様なメディアを利用した指導等の方法を加えて<u>行なう</u>ことができる。 3　［同左］
<u>（通信教育連携協力施設）</u> 第三条　通信制の課程を置く高等学校（以下「実施校」という。）の設置者は、<u>通信教育連携協力施設（当該実施校の行う通信教育について連携協力を行う次に掲げる施設をいう。以下同じ。）</u>を設けることができる。この場合において、<u>当該通信教育連携協力施設が他の設置者が設置するものであるとき</u>は、実施校の設置者は、<u>当該通信教育連携協力施設の設置者の同意</u>を得なければならない。 <u>一</u>　面接指導又は試験等の実施について連携協力を行う施設（以下「面接指導等実施施設」とい	（協力校） 第三条　通信制の課程を置く高等学校（以下「実施校」という。）の設置者は、<u>当該実施校の行なう通信教育について協力する高等学校（中等教育学校の後期課程を含む。以下「協力校」という。）</u>を設けることができる。この場合において、<u>当該協力校が他の設置者が設置する高等学校（中等教育学校の後期課程を含む。以下この項において同じ。）</u>であるときは、実施校の設置者は、<u>当該高等学校の設置者の同意</u>を得なければならない。 ［号を加える。］

う。）

二　生徒の進路選択及び心身の健
康等に係る相談、添削指導に附
帯する事務の実施その他の学習
活動等の支援について連携協力
を行う施設であつて、面接指導
等実施施設以外のもの（第十条
の二第二項において「学習等支
援施設」という。）

［号を加える。］

2　面接指導等実施施設は、実施校
の分校又は協力校であることを基
本とする。ただし、特別の事情が
あり、かつ、教育上支障がない場
合は、大学、専修学校、指定技能
教育施設（学校教育法第五十五条
の規定による指定を受けた技能教
育のための施設をいう。）その他
の学校又は施設を面接指導等実施
施設とすることができる。

［項を加える。］

3　前項に規定する協力校とは、実
施校の行う通信教育について連携
協力を行うものとしてその設置者
が定めた高等学校（中等教育学校
の後期課程を含む。）をいう。

［項を加える。］

4　通信教育連携協力施設は、実施
校の設置者の定めるところにより
実施校の行う通信教育に連携協力
を行うものとする。

2　協力校は、実施校の設置者の定
めるところにより実施校の行なう面
接指導及び試験等に協力するものと
する。

（通信制の課程の規模）
第四条　［略］
2　実施校の設置者は、前条第一項
の規定により通信教育連携協力施

（通信制の課程の規模）
第四条　［同左］
［項を加える。］

173

設を設ける場合には、実施校の通信制の課程に係る収容定員のうち、通信教育連携協力施設ごとの定員を学則で定めるものとする。	
（面接指導を受ける生徒数） 第四条の二　同時に面接指導を受ける生徒数は、少人数とすることを基本とし、四十人を超えてはならない。	［条を加える。］
（通信教育実施計画の作成等） 第四条の三　実施校の校長は、通信教育の実施に当たつては、次に掲げる事項を記載した計画（第十四条第一項第二号において「通信教育実施計画」という。）を作成し、生徒に対して、あらかじめ明示するものとする。 一　通信教育を実施する科目等（学校教育法施行規則別表第三に定める各教科に属する科目、総合的な探究の時間及び特別活動をいう。次号及び第三号において同じ。）の名称及び目標に関すること。 二　通信教育を実施する科目等ごとの通信教育の方法及び内容並びに一年間の通信教育の計画に関すること。 三　通信教育を実施する科目等ごとの学習の成果に係る評価及び単位の修得の認定に当たつての基準に関すること。	［条を加える。］

（校舎に備えるべき施設）

第九条　［略］

2　［略］

3　全日制の課程又は定時制の課程を併置する実施校における第一項第一号及び第二号に掲げる施設については、当該各号に掲げる施設に相当する全日制の課程又は定時制の課程で行う教育の用に供する施設を兼用することができる。

4　［略］

（通信教育連携協力施設の編制、施設及び設備）

第十条の二　面接指導等実施施設の編制、施設及び設備は、当該面接指導等実施施設に係る学校又は施設の種類、連携協力の内容及びその定員その他の事情を勘案し、前六条に定める基準に照らして、面接指導又は試験等の実施について適切に連携協力を行うことができるものでなければならない。

2　学習等支援施設の施設及び設備等は、教育上及び安全上支障がないものでなければならない。

3　実施校の設置者は、第三条第一項の規定により通信教育連携協力施設を設ける場合には、当該通信教育連携協力施設が前二項の基準に適合することについて、確認を行うものとする。この場合におい

（校舎に備えるべき施設）

第九条　［同左］

2　［同左］

3　全日制の課程又は定時制の課程を併置する実施校における第一項第一号及び第二号に掲げる施設については、当該各号に掲げる施設に相当する全日制の課程又は定時制の課程で行なう教育の用に供する施設を兼用することができる。

4　［同左］

［条を加える。］

て、当該通信教育連携協力施設が実施校の存する都道府県の区域外に所在するときは、その所在地の都道府県知事が定める高等学校の通信制の課程の設置の認可に係る基準（当該基準が定められていないとき又は公表されていないときを除く。）を参酌して当該確認を行わなければならない。	
（他の学校等の施設及び設備の使用） 第十一条　通信教育連携協力施設の施設及び設備を使用する場合並びに第九条第四項に規定する場合のほか、実施校は、特別の事情があり、かつ、教育上及び安全上支障がない場合は、他の学校等の施設及び設備を一時的に使用することができる。	（他の学校等の施設及び設備の使用） 第十一条　実施校は、特別の事情があり、かつ、教育上及び安全上支障がない場合は、他の学校等の施設及び設備を使用することができる。
（定時制の課程又は他の通信制の課程との併修） 第十二条　実施校の校長は、当該実施校の通信制の課程の生徒が、当該校長の定めるところにより当該高等学校の定時制の課程又は他の高等学校（中等教育学校の後期課程を含む。）の定時制の課程若しくは通信制の課程において一部の科目又は総合的な学習の時間の単位を修得したときは、当該修得した単位数を当該実施校が定めた全課程の修了を認めるに必要な単位	（定時制の課程又は他の通信制の課程との併修） 第十二条　実施校の校長は、当該実施校の通信制の課程の生徒が、当該校長の定めるところにより当該高等学校の定時制の課程又は他の高等学校（中等教育学校の後期課程を含む。）の定時制の課程若しくは通信制の課程において一部の科目の単位を修得したときは、当該修得した単位数を当該実施校が定めた全課程の修了を認めるに必要な単位数のうちに加えることが

数のうちに加えることができる。

2　定時制の課程を置く高等学校の校長は、当該高等学校の定時制の課程の生徒が、当該校長の定めるところにより当該高等学校の通信制の課程又は他の高等学校（中等教育学校の後期課程を含む。）の通信制の課程において一部の<u>科目又は総合的な学習の時間</u>の単位を修得したときは、当該修得した単位数を当該定時制の課程を置く高等学校が定めた全課程の修了を認めるに必要な単位数のうちに加えることができる。

3　前二項の規定により、高等学校の通信制の課程又は定時制の課程の生徒（<u>以下この項において単に</u>「生徒」という。）が当該高等学校の定時制の課程若しくは通信制の課程又は他の高等学校（中等教育学校の後期課程を含む。以下この項において同じ。）の定時制の課程若しくは通信制の課程において一部の<u>科目又は総合的な学習の時間</u>の単位を修得する場合においては、当該生徒が一部の<u>科目又は総合的な学習の時間</u>の単位を修得しようとする課程を置く高等学校の校長は、当該生徒について一部の<u>科目又は総合的な学習の時間</u>の履修を許可することができる。

4　［略］

できる。

2　定時制の課程を置く高等学校の校長は、当該高等学校の定時制の課程の生徒が、当該校長の定めるところにより当該高等学校の通信制の課程又は他の高等学校（中等教育学校の後期課程を含む。）の通信制の課程において一部の<u>科目</u>の単位を修得したときは、当該修得した単位数を当該定時制の課程を置く高等学校が定めた全課程の修了を認めるに必要な単位数のうちに加えることができる。

3　前二項の規定により、高等学校の通信制の課程又は定時制の課程の生徒（<u>以下</u>「生徒」という。）が当該高等学校の定時制の課程若しくは通信制の課程又は他の高等学校（中等教育学校の後期課程を含む。以下この項において同じ。）の定時制の課程若しくは通信制の課程において一部の<u>科目</u>の単位を修得する場合においては、当該生徒が一部の<u>科目</u>の単位を修得しようとする課程を置く高等学校の校長は、当該生徒について一部の<u>科目</u>の履修を許可することができる。

4　［同左］

（通信教育連携協力施設における連携協力の状況の評価） 第十三条　実施校は、第三条第一項の規定により通信教育連携協力施設を設ける場合においては、通信教育連携協力施設ごとに、当該通信教育連携協力施設における連携協力に係る活動の状況について評価を行い、その結果を公表するものとする。 2　実施校は、前項の規定による評価の結果を踏まえた当該通信教育連携協力施設において通信教育を受ける生徒の保護者その他の当該通信教育連携協力施設の関係者（当該実施校及び当該通信教育連携協力施設の職員を除く。）による評価を行い、その結果を公表するよう努めるものとする。 3　実施校は、第一項の規定による評価の結果及び前項の規定により評価を行つた場合はその結果を、当該実施校の設置者に報告するとともに、これらの結果に基づき、当該通信教育連携協力施設における連携協力に係る活動の改善を図るため必要な措置を講ずるものとする。	［条を加える。］
（情報の公表） 第十四条　実施校は、次に掲げる教育活動等の状況（第四号から第九号までに掲げる事項にあつては、	［条を加える。］

通信教育連携協力施設ごとの当該教育活動等の状況を含む。）についての情報を公表するものとする。

一 学科の組織並びに学科及び通信教育連携協力施設ごとの定員に関すること。

二 通信教育を行う区域に関すること。

三 通信教育連携協力施設ごとの名称及び位置に関すること。

四 教員及び職員の数その他教職員組織に関すること。

五 入学、退学、転学、休学及び卒業に関すること（入学者の数、在籍する生徒の数、退学若しくは転学又は卒業した者の数並びに進学者数及び就職者数その他進学及び就職等の状況を含む。）。

六 通信教育実施計画に関すること。

七 校地、校舎等の施設及び設備その他の生徒の教育環境に関すること。

八 授業料、入学料その他の費用徴収に関すること。

九 生徒の学習活動、進路選択及び心身の健康等に係る支援に関すること。

2 前項の規定による情報の公表は、適切な体制を整えた上で、刊行物への掲載、インターネットの利用その他広く周知を図ることができる方法によつて行うものとする。

> 備考　表中の〔　〕の記載及び対象規定の二重傍線を付した標記部分を除く
> 　全体に付した傍線は注記である。

（単位制高等学校教育規程の一部改正）

第四条　単位制高等学校教育規程（昭和六十三年文部省令第六号）の一部を次
のように改正する。

　次の表により、改正前欄に掲げる規定の傍線を付した部分をこれに順次
対応する改正後欄に掲げる規定の傍線を付した部分のように改め、改正後
欄に掲げる対象規定で改正前欄にこれに対応するものを掲げていないもの
は、これを加える。

改正後	改正前
（科目の開設等） 第六条　単位制による課程を置く高等学校においては、高等学校教育の機会に対する多様な要請にこたえるため、多様な科目を開設するよう努めるものとする。	（科目の開設等） 第六条　単位制による課程のうち定時制の課程又は通信制の課程であるものを置く高等学校においては、高等学校教育の機会に対する多様な要請にこたえ、多様な科目を開設し、かつ、複数の時間帯又は特定の時期における授業の実施その他の措置を講ずるよう努めるものとする。
２　単位制による課程のうち定時制の課程又は通信制の課程であるものを置く高等学校においては、高等学校教育の機会に対する多様な要請にこたえるため、複数の時間帯又は特定の時期における授業の実施その他の措置を講ずるよう努	〔項を加える。〕

めるものとする。	
（情報の公表） 第十条　単位制による課程を置く高等学校の設置者は、当該高等学校が単位制による課程を置くものであることを明示するものとする。 2　単位制による課程のうち全日制の課程又は定時制の課程であるものを置く高等学校の設置者は、当該高等学校の単位制による課程に係る教育課程に関する情報を公表するものとする。 3　第一項の規定による明示及び前項の規定による情報の公表は、刊行物への掲載、インターネットの利用その他広く周知を図ることができる方法によつて行うものとする。	［条を加える。］
備考　表中の［　］の記載及び対象規定の二重傍線を付した標記部分を除く全体に付した傍線は注記である。	

　　　附　　則

（施行期日）

第一条　この省令は、令和四年四月一日から施行する。ただし、第一条中学校教育法施行規則第七十九条の六第二項及び第百八条第一項の改正規定は公布の日から、第一条中学校教育法施行規則第九十七条第一項及び第二項の改正規定並びに第百条に一号を加える改正規定、第三条中高等学校通信教育規程第十二条第一項から第三項までの改正規定並びに附則第六条の規定は令和三年四月一日から施行する。

（経過措置）

第二条　この省令の施行の際現に存する通信制の課程を置く高等学校（中等教育学校の後期課程を含む。次条及び附則第四条において同じ。）の学則については、この省令の施行の日以後最初に学校教育法施行規則第五条第一項の学則の変更についての認可の申請がなされる日又は令和五年三月三十一日のいずれか早い日までの間は、第一条の規定による改正後の学校教育法施行規則（次条において「新規則」という。）第四条第二項第二号の規定にかかわらず、なお従前の例によることができる。

第三条　新規則第百三条の二（同条第一号及び第二号の規定を新規則第百十三条第三項において準用する場合を含む。）の規定にかかわらず、この省令の施行の日から令和七年三月三十一日までの間は、高等学校の設置者が、特別の事情があり、かつ、教育上支障がないと認める場合には、高等学校は、同条各号に掲げる方針を定め、公表することを要しない。

第四条　第三条の規定による改正後の高等学校通信教育規程第四条の二（学校教育法施行規則第百十一条において準用する場合を含む。）の規定にかかわらず、当分の間、通信制の課程を置く高等学校において同時に面接指導を受ける生徒数については、特別の事情があり、かつ、教育上支障がない場合に限り、なお従前の例によることができる。

（へき地教育振興法施行規則の一部改正）

第五条　へき地教育振興法施行規則（昭和三十四年文部省令第二十一号）の一部を次のように改正する。

　次の表により、改正前欄に掲げる規定の傍線を付した部分をこれに対応する改正後欄に掲げる規定の傍線を付した部分のように改める。

改正後	改正前
（用語の意義） 第二条　［略］ 　一～七　［略］ 　八　高等学校　当該学校から最短	（用語の意義） 第二条　［同左］ 　一～七　［同左］ 　八　高等学校　当該学校から最短

の距離にある全日制の課程で普通教育を主とする学科（高等学校設置基準（平成十六年文部科学省令第二十号）第五条第一号に規定する普通教育を主とする学科をいう。）を置く高等学校又は中等教育学校をいう。 九〜十九　［略］	の距離にある全日制の課程で普通科を置く高等学校又は中等教育学校をいう。 九〜十九　［同左］

備考　表中の　［　　］の記載は注記である。

（学校教育法施行規則の一部を改正する省令の一部改正）

第六条　学校教育法施行規則の一部を改正する省令（平成三十年文部科学省令第十三号）の一部を次のように改正する。

　次の表により、改正前欄に掲げる規定（題名を含む。以下この条において同じ。）の傍線を付した部分をこれに順次対応する改正後欄に掲げる規定の傍線を付した部分のように改め、改正前欄と改正後欄に対応して掲げる対象規定は、改正前欄に掲げる対象規定を改正後欄に掲げる対象規定として移動し、改正後欄に掲げる対象規定で改正前欄にこれに対応するものを掲げていないものは、これを加える。

改正後	改正前
学校教育法施行規則及び高等学校通信教育規程の一部を改正する省令 　（学校教育法施行規則の一部改正） 第一条　学校教育法施行規則（昭和二十二年文部省令第十一号）の一部を次のように改正する。 　　第八十三条並びに第九十七条第一項及び第二項中「総合的な学習	学校教育法施行規則の一部を改正する省令 ［見出しを加える。］ 　［①］　学校教育法施行規則（昭和二十二年文部省令第十一号）の一部を次のように改正する。 　　第八十三条中「総合的な学習の時

の時間」を「総合的な探究の時間」に改める。 ［略］ （高等学校通信教育規程の一部改正） 第二条　高等学校通信教育規程（昭和三十七年文部省令第三十二号）の一部を次のように改正する。 　第十二条第一項から第三項までの規定中「総合的な学習の時間」を「総合的な探究の時間」に改める。	間」を「総合的な探究の時間」に改める。 ［同左］ ［条を加える。］
附　則 1　この省令は、令和四年四月一日から施行する。ただし、附則第四項及び第五項の規定は平成三十一年四月一日から施行する。	附　則 1　この省令は、平成三十四年四月一日から施行する。ただし、附則第四項及び第五項の規定は平成三十一年四月一日から施行する。
2　改正後の学校教育法施行規則（以下「新令」という。）第八十三条、第九十七条第一項及び第二項並びに別表第三の規定並びに改正後の高等学校通信教育規程（次項から附則第五項までにおいて「新規程」という。）第十二条第一項から第三項までの規定は、施行の日以降高等学校（中等教育学校の後期課程及び特別支援学校の高等部を含む。次項から附則第五項までにおいて同じ。）に入学した生徒（新令第九十一条（新令第百十三条第一項及び第百三十五条第五項で準用する場合を含む。附則第	2　改正後の学校教育法施行規則（以下「新令」という。）第八十三条及び別表第三の規定は、施行の日以降高等学校（中等教育学校の後期課程及び特別支援学校の高等部を含む。次項及び附則第四項において同じ。）に入学した生徒（新令第九十一条（新令第百十三条第一項及び第百三十五条第五項で準用する場合を含む。附則第四項において同じ。）の規定により入学した生徒であって同日前に入学した生徒に係る教育課程により履修するものを除く。）に係る教育課程から適用する。

184

四項及び第五項において同じ。）の規定により入学した生徒であって同日前に入学した生徒に係る教育課程により履修するものを除く。）に係る教育課程から適用する。	
3　前項の規定により新令第八十三条、第九十七条第一項及び第二項並びに別表第三の規定並びに新規程第十二条第一項から第三項までの規定が適用されるまでの高等学校の教育課程については、なお従前の例による。	3　前項の規定により新令第八十三条及び別表第三の規定が適用されるまでの高等学校の教育課程については、なお従前の例による。
4　平成三十一年四月一日から令和四年三月三十一日までの間に高等学校に入学した生徒（新令第九十一条の規定により入学した生徒であって平成三十一年三月三十一日までに入学した生徒に係る教育課程により履修するものを除く。次項において同じ。）に係る教育課程についての平成三十一年四月一日から新令第八十三条の規定が適用されるまでの間における改正前の学校教育法施行規則（以下「旧令」という。）第八十三条の規定の適用については、同条中「総合的な学習の時間」とあるのは「総合的な探究の時間」とする。	4　平成三十一年四月一日から平成三十四年三月三十一日までの間に高等学校に入学した生徒（新令第九十一条の規定により入学した生徒であって平成三十一年三月三十一日までに入学した生徒に係る教育課程により履修するものを除く。）に係る教育課程についての平成三十一年四月一日から新令第八十三条の規定が適用されるまでの間における改正前の学校教育法施行規則（以下「旧令」という。）第八十三条の規定の適用については、同条中「総合的な学習の時間」とあるのは「総合的な探究の時間」とする。
5　平成三十一年四月一日から令和	［項を加える。］

185

四年三月三十一日までの間に高等学校に入学した生徒に係る教育課程についての令和三年四月一日から新令第九十七条第一項及び第二項の規定並びに新規程第十二条第一項から第三項までの規定が適用されるまでの間における旧令第九十七条第一項及び第二項の規定並びに改正前の高等学校通信教育規程第十二条第一項から第三項までの規定の適用については、これらの規定中「総合的な学習の時間」とあるのは「総合的な探究の時間」とする。	
6　［略］	5　［同左］

備考　表中の［　］の記載及び対象規定の二重傍線を付した標記部分を除く全体に付した傍線は注記である。

3. 高等学校学習指導要領の一部を改正する告示
（令和 3 年文部科学省告示第 61 号）

○文部科学省告示第六十一号

　学校教育法施行規則（昭和二十二年文部省令第十一号）第八十四条及び第九十六条の規定に基づき、高等学校学習指導要領の一部を改正する告示を次のように定める。

　　　令和三年三月三十一日

　　　　　　　　　　　　　　文部科学大臣　　萩生田　光一

　　　高等学校学習指導要領の一部を改正する告示

　高等学校学習指導要領（平成三十年文部科学省告示第六十八号）の一部を次のように改正する。

　次の表により、改正前欄に掲げる規定の傍線を付した部分をこれに対応する改正後欄に掲げる規定の傍線を付した部分のように改め、改正前欄及び改正後欄に対応して掲げるその標記部分に二重線を付した規定（以下「対象規定」という。）は、改正前欄に掲げる対象規定を改正後欄に掲げる対象規定として移動し、改正後欄に掲げる対象規定で改正前欄にこれに対応するものを掲げていないものは、これを加える。

改正後	改正前
第 1 章　　総則 第 2 款　　教育課程の編成 　3　　教育課程の編成における共通的事項 　⑴　各教科・科目及び単位数等 　　ア　卒業までに履修させる単位数等 　　　各学校においては、卒業までに履修させるイからオまで	第 1 章　　総則 第 2 款　　教育課程の編成 　3　　教育課程の編成における共通的事項 　⑴　各教科・科目及び単位数等 　　ア　卒業までに履修させる単位数等 　　　各学校においては、卒業までに履修させるイからオまで

に示す各教科・科目及びその
単位数、総合的な探究の時間
の単位数並びに特別活動及び
その授業時数に関する事項を
定めるものとする。この場合、
各教科・科目及び総合的な探
究の時間の単位数の計は、(2)
のア、イ、ウ及びエの(ア)に掲
げる各教科・科目の単位数並
びに総合的な探究の時間の単
位数を含めて 74 単位以上と
する。

　単位については、1 単位時
間を 50 分とし、35 単位時間の
授業を 1 単位として計算する
ことを標準とする。ただし、通
信制の課程においては、5 に
定めるところによるものとする。
　イ～オ　［略］
(2)　各教科・科目の履修等
　ア　［略］
　イ　普通科以外の普通教育を主
　　とする学科における各教科・
　　科目等の履修
　　普通科以外の普通教育を主
　　とする学科における各教科・
　　科目及び総合的な探究の時間
　　の履修については、アのほか
　　次のとおりとする。
　　(ア)　普通科以外の普通教育を
　　　主とする学科においては、各
　　　学科に係る学校教育法施行
　　　規則第 103 条の 2 各号に掲

に示す各教科・科目及びその
単位数、総合的な探究の時間
の単位数並びに特別活動及び
その授業時数に関する事項を
定めるものとする。この場合、
各教科・科目及び総合的な探
究の時間の単位数の計は、(2)
のア、イ及びウの(ア)に掲げる
各教科・科目の単位数並び
に総合的な探究の時間の単
位数を含めて 74 単位以上と
する。

　単位については、1 単位時
間を 50 分とし、35 単位時間の
授業を 1 単位として計算する
ことを標準とする。ただし、通
信制の課程においては、5 に
定めるところによるものとする。
　イ～オ　［略］
(2)　各教科・科目の履修等
　ア　［略］
　［号を加える。］

げる方針を踏まえ、各学科
の特色等に応じた目標及び
内容を定めた学校設定教科
に関する科目を設け、当該
科目については、全ての生
徒に履修させるものとし、
その単位数は2単位を下ら
ないこと。
(イ) 普通科以外の普通教育を
主とする学科においては、
(ア)の学校設定教科に関する
科目及び総合的な探究の時
間について、全ての生徒に
履修させる単位数の計は、
6単位を下らないこと。
(ウ) 普通科以外の普通教育を
主とする学科においては、
(ア)の学校設定教科に関する
科目又は総合的な探究の時
間を、原則として各年次に
わたり履修させること。そ
の際、学校設定教科に関す
る科目及び総合的な探究の
時間について相互の関連を
図り、系統的、発展的な指
導を行うことに特に意を用
いること。
ウ・エ ［略］
(3)〜(6) ［略］
(7) キャリア教育及び職業教育に
関して配慮すべき事項
ア ［略］
イ 普通教育を主とする学科に

イ・ウ ［略］
(3)〜(6) ［略］
(7) キャリア教育及び職業教育に
関して配慮すべき事項
ア ［略］
イ 普通科においては、生徒の

189

<table>
<tr><td>

おいては、生徒の特性や進路、学校や地域の実態等を考慮し、必要に応じて、適切な職業に関する各教科・科目の履修の機会の確保について配慮するものとする。

ウ・エ　［略］

</td><td>

特性や進路、学校や地域の実態等を考慮し、必要に応じて、適切な職業に関する各教科・科目の履修の機会の確保について配慮するものとする。

ウ・エ　［略］

</td></tr>
<tr><td>

5　通信制の課程における教育課程の特例

(1)～(4)　［略］

(5)　学校が、その指導計画に、各教科・科目又は特別活動について体系的に行われるラジオ放送、テレビ放送その他の多様なメディアを利用して行う学習を計画的かつ継続的に取り入れた場合で、生徒がこれらの方法により学習し、報告課題の作成等により、その成果が満足できると認められるときは、その生徒について、その各教科・科目の面接指導の時間数又は特別活動の時間数（以下「面接指導等時間数」という。）のうち、10分の6以内の時間数を免除することができる。また、生徒の実態等を考慮して特に必要がある場合は、面接指導等時間数のうち、複数のメディアを利用することにより、各メディアごとにそれぞれ10分の6以内の時間数を免除することができる。ただし、

</td><td>

5　通信制の課程における教育課程の特例

(1)～(4)　［略］

(5)　学校が、その指導計画に、各教科・科目又は特別活動について体系的に行われるラジオ放送、テレビ放送その他の多様なメディアを利用して行う学習を計画的かつ継続的に取り入れた場合で、生徒がこれらの方法により学習し、報告課題の作成等により、その成果が満足できると認められるときは、その生徒について、その各教科・科目の面接指導の時間数又は特別活動の時間数（以下「面接指導等時間数」という。）のうち、10分の6以内の時間数を免除することができる。また、生徒の実態等を考慮して特に必要がある場合は、面接指導等時間数のうち、複数のメディアを利用することにより、各メディアごとにそれぞれ10分の6以内の時間数を免除することができる。ただし、

</td></tr>
</table>

免除する時間数は、合わせて10分の8を超えることができない。

　なお、生徒の面接指導等時間数を免除しようとする場合には、<u>添削指導及び面接指導との関連を図り、第3款の2に示す事項に配慮しながら、</u>本来行われるべき学習の量と質を低下させることがないよう十分配慮しなければならない。

(6)　<u>試験は、各学校において、各教科・科目の目標の実現に向けた学習状況を把握する観点から、単元など内容や時間のまとまりを見通しながら、各教科・科目の履修につき適切な回数を確保した上で、添削指導及び面接指導との関連を図り、その内容及び時期を適切に定めなければならない。</u>

(7)　［略］

免除する時間数は、合わせて10分の8を超えることができない。

　なお、生徒の面接指導等時間数を免除しようとする場合には、<u>本来行われるべき学習の量と質を低下させることがないよう十分配慮しなければならない。</u>

［項を加える。］

(6)　［略］

第4款　単位の修得及び卒業の認定
2　卒業までに修得させる単位数

　学校においては、卒業までに修得させる単位数を定め、校長は、当該単位数を修得した者で、特別活動の成果がその目標からみて満足できると認められるものについて、高等学校の全課程の修了を認定するものとする。この場合、卒業までに修得させる単位数は、74

第4款　単位の修得及び卒業の認定
2　卒業までに修得させる単位数

　学校においては、卒業までに修得させる単位数を定め、校長は、当該単位数を修得した者で、特別活動の成果がその目標からみて満足できると認められるものについて、高等学校の全課程の修了を認定するものとする。この場合、卒業までに修得させる単位数は、74

191

単位以上とする。なお、<u>普通教育を主とする学科</u>においては、卒業までに修得させる単位数に含めることができる学校設定科目及び学校設定教科に関する科目に係る修得単位数は、合わせて 20 単位を超えることができない。	単位以上とする。なお、<u>普通科</u>においては、卒業までに修得させる単位数に含めることができる学校設定科目及び学校設定教科に関する科目に係る修得単位数は、合わせて 20 単位を超えることができない。

備考　表中の ［　］ の記載及び対象規定の二重傍線を付した標記部分を除く全体に付した傍線は注記である。

　　　　附　　則

この告示は、令和四年四月一日から施行する。

4. 文部科学省初等中等教育局長「学校教育法施行規則等の一部を改正する省令等の公布について（通知）」（令和3年3月31日・2文科初第2124号）

2文科初第2124号
令和3年3月31日

各　都　道　府　県　教　育　長
各　指　定　都　市　教　育　長
各　都　道　府　県　知　事　　　　　御中
附属学校を置く各国公立大学法人の長
構造改革特別区域法第12条第1項の
認定を受けた各地方公共団体の長

文部科学省初等中等教育局長

瀧　本　　寛

学校教育法施行規則等の一部を改正する省令等の公布について（通知）

この度、別添1のとおり学校教育法施行規則等の一部を改正する省令（令和3年文部科学省令第14号。以下「改正省令」という。）が、別添2のとおり高等学校学習指導要領の一部を改正する告示（令和3年文部科学省告示第61号。以下「改正告示」という。）が、別添3のとおり中等教育学校並びに併設型中学校及び併設型高等学校の教育課程の基準の特例を定める件及び連携型中学校及び連携型高等学校の教育課程の基準の特例を定める件の一部を改正する告示（令和3年文部科学省告示第62号）が、それぞれ令和3年3月31日に公布されました。

これら省令及び告示は、「『令和の日本型学校教育』の構築を目指して〜全ての子供たちの可能性を引き出す、個別最適な学びと、協働的な学びの実現

～」(令和3年1月26日中央教育審議会答申)、「新しい時代の高等学校教育の在り方ワーキンググループ(審議まとめ)～多様な生徒が社会とつながり、学ぶ意欲が育まれる魅力ある高等学校教育の実現に向けて～」(令和2年11月13日中央教育審議会初等中等教育分科会新しい時代の初等中等教育の在り方特別部会新しい時代の高等学校教育の在り方ワーキンググループ。以下「高校ワーキンググループ審議まとめ」という。)及び「通信制高等学校の質の確保・向上に関する調査研究協力者会議(審議まとめ)」(令和3年2月25日通信制高等学校の質の確保・向上に関する調査研究協力者会議)において、高等学校の特色化・魅力化や、高等学校通信教育の質保証等に向けた方策が提言されたことを踏まえ、所要の規定を整備するものです。

これら省令及び告示の概要及び留意すべき事項は下記のとおりですので、十分御了知いただき、その運用に当たっては遺漏なきようお取り計らいください。

各都道府県教育長におかれては所管の高等学校等(高等学校、中等教育学校の後期課程及び特別支援学校の高等部をいう。以下この文において同じ。)及び高等学校等を設置する域内の市区町村教育委員会(指定都市教育委員会を除く。)に対し、各指定都市教育長におかれては所管の高等学校等に対し、各都道府県知事におかれては所轄の高等学校等及び学校法人に対し、附属学校を置く各国公立大学法人の長におかれては附属の高等学校等に対し、構造改革特別区域法(平成14年法律第189号)第12条第1項の認定を受けた地方公共団体(以下「認定地方公共団体」という。)の長におかれては所轄の高等学校等及び学校設置会社に対し、本通知の趣旨について十分御周知いただくようお願いします。

記

第1　改正の概要

1　高等学校の特色化・魅力化関係

(1)　高等学校における三つの方針の策定・公表(学校教育法施行規則(昭和

194

22 年文部省令第 11 号。以下「施行規則」という。）の一部改正）

① 高等学校は、高等学校学習指導要領に定めるところにより育成を目指す資質・能力に関する方針、教育課程の編成及び実施に関する方針及び入学者の受入れに関する方針（以下「三つの方針」という。）を定め、公表するものとすること。（施行規則第 103 条の 2 関係）

② 上記①の規定は、入学者の受入れに関する方針を除き、中等教育学校の後期課程において準用すること。（施行規則第 113 条第 3 項関係）

(2) 高等学校と関係機関等との連携協力体制の整備（高等学校設置基準（平成 16 年文部科学省令第 20 号。以下「設置基準」という。）の一部改正）

高等学校は、各学科に係る三つの方針を踏まえ、当該学科における教育活動その他の学校運営を行うに当たり、当該高等学校が所在する地域の行政機関、事業者、大学等、国の機関、国際機関その他の関係機関及び関係団体との連携協力体制の整備に努めなければならないこと。（設置基準第 19 条関係）

(3) 高等学校における「普通教育を主とする学科」の弾力化（設置基準及び高等学校学習指導要領（平成 30 年文部科学省告示第 68 号。以下「指導要領」という。）の一部改正）

① 高等学校の普通教育を主とする学科は普通科とされていたが、新たに普通科その他普通教育を施す学科として適当な規模及び内容があると認められる学科とすること。（設置基準第 6 条第 1 項関係）

② 高等学校の学科の名称は、学科として適当であるとともに、当該学科に係る三つの方針にふさわしいものとすること。（設置基準第 6 条の 2 関係）

③ 普通科以外の普通教育を主とする学科における各教科・科目等の履修については以下のとおりとすること。（指導要領第 1 章第 2 款の 3 の(2)のイ関係）

(a) 各学科に係る三つの方針を踏まえ、各学科の特色等に応じた目標及び内容を定めた学校設定教科に関する科目を設け、当該科目については全ての生徒に 2 単位以上履修させること。

(b)　上記(a)の学校設定教科に関する科目及び総合的な探究の時間を合計6単位以上履修させること。

(c)　上記(a)の学校設定教科に関する科目又は総合的な探究の時間を、原則として各年次にわたり履修させること。その際、当該科目及び総合的な探究の時間について相互の関連を図り、系統的、発展的な指導を行うことに特に意を用いること。

④　普通教育を主とする学科のうち、学際的な分野に関する学校設定教科に関する科目を開設する学科（以下「学際領域に関する学科」という。）を置く高等学校は、大学等、国の機関又は国際機関その他の国際的な活動を行う国内外の機関若しくは団体との連携協力体制を整備するものとすること。（設置基準第20条第1項関係）

⑤　普通教育を主とする学科のうち、地域社会に関する学校設定教科に関する科目を開設する学科（以下「地域社会に関する学科」という。）を置く高等学校は、当該高等学校が所在する地域の行政機関又は事業者その他の地域の活性化に資する活動を行う機関若しくは団体との連携協力体制を整備するものとすること。（設置基準第21条第1項関係）

⑥　学際領域に関する学科又は地域社会に関する学科を置く高等学校は、上記④及び⑤の連携協力体制の整備に関し、関係機関及び関係団体との連携協力が円滑に行われるよう、連絡調整を行う職員の配置その他の措置を講ずるよう努めるものとすること。（設置基準第20条第2項及び第21条第2項関係）

(4)　施行期日及び経過措置

①　上記1(1)から(3)までの改正は、令和4年4月1日から施行すること。（改正省令附則第1条関係）

②　上記1(1)の改正に関し、改正省令の施行の日から令和7年3月31日までの間は、高等学校の設置者が、特別の事情があり、かつ教育上支障がないと認める場合には、高等学校は、同条各号に掲げる方針を定め、公表することを要しないこと。（改正省令附則第3条関係）

2　高等学校通信教育の質保証関係

(1)　教育課程の編成・実施の適正化（高等学校通信教育規程（昭和37年文部省令第32号。以下「通信教育規程」という。）の一部改正）

①　通信制の課程を置く高等学校（以下「実施校」という。）の校長は、通信教育の実施に当たっては、次に掲げる事項を記載した計画（以下「通信教育実施計画」という。）を作成し、生徒に対して、あらかじめ明示するものとすること。（通信教育規程第4条の3関係）

(a)　通信教育を実施する科目等の名称及び目標に関すること。

(b)　通信教育を実施する科目等ごとの通信教育の方法及び内容並びに一年間の通信教育の計画に関すること。

(c)　通信教育を実施する科目等ごとの学習の成果に係る評価及び単位の修得の認定に当たっての基準に関すること。

②　同時に面接指導を受ける生徒数は、少人数とすることを基本とし、40人を超えてはならないこと。（通信教育規程第4条の2関係）

③　多様なメディアを利用して行う学習を計画的かつ継続的に取り入れ、面接指導等の時間数の一部を免除しようとする場合には、添削指導及び面接指導との関連を図り、指導要領第1章第3款の2「学習評価の充実」に示す事項に配慮しながら、本来行われるべき学習の量と質を低下させることがないよう十分配慮しなければならないこと。（指導要領第1章第2款の5の(5)関係）

④　試験は、各学校において、各教科・科目の目標の実現に向けた学習状況を把握する観点から、単元など内容や時間のまとまりを見通しながら、各教科・科目の履修につき適切な回数を確保した上で、添削指導及び面接指導との関連を図り、その内容及び時期を適切に定めなければならないこと。（指導要領第1章第2款の5の(6)関係）

(2)　サテライト施設の教育水準の確保（施行規則及び通信教育規程の一部改正）

①　実施校の設置者は、通信教育連携協力施設（当該実施校の行う通信教育について連携協力を行う次に掲げる施設をいう。以下同じ。）を設け

ることができること。この場合において、当該通信教育連携協力施設が他の設置者が設置するものであるときは、実施校の設置者は、当該通信教育連携協力施設の設置者の同意を得なければならないこと。

（通信教育規程第3条第1項関係）

(a) 面接指導又は試験等の実施について連携協力を行う施設（以下「面接指導等実施施設」という。）

(b) 生徒の進路選択及び心身の健康等に係る相談、添削指導に附帯する事務の実施その他の学習活動等の支援について連携協力を行う施設であって、面接指導等実施施設以外のもの（以下「学習等支援施設」という。）

② 面接指導等実施施設は、実施校の分校又は協力校であることを基本とすること。ただし、特別の事情があり、かつ、教育上支障がない場合は、大学、専修学校、指定技能教育施設（学校教育法第55条の規定による指定を受けた技能教育のための施設をいう。以下同じ。）その他の学校又は施設を面接指導等実施施設とすることができること。（通信教育規程第3条第2項関係）

③ 面接指導等実施施設の編制、施設及び設備は、当該面接指導等実施施設に係る学校又は施設の種類、連携協力の内容及びその定員その他の事情を勘案し、通信教育規程第5条から第10条までに定める基準に照らして、面接指導又は試験等の実施について適切に連携協力を行うことができるものでなければならないこと。（通信教育規程第10条の2第1項関係）

④ 学習等支援施設の施設及び設備等は、教育上及び安全上支障がないものでなければならないこと。（通信教育規程第10条の2第2項関係）

⑤ 実施校の設置者は、通信教育連携協力施設が上記③及び④の基準に適合することについて、確認を行うものとすること。この場合において、当該通信教育連携協力施設が実施校の存する都道府県の区域外に所在するときは、その所在地の都道府県知事が定める高等学校の通信制の課程の設置の認可に係る基準（当該基準が定められていないとき又

は公表されていないときは除く。）を参酌して当該確認を行わなければ
ならないこと。（通信教育規程第 10 条の 2 第 3 項関係）

⑥　通信教育連携協力施設の施設及び設備を使用する場合並びに通信教
育規程第 9 条第 4 項に規定する場合のほか、実施校は、特別の事情が
あり、かつ、教育上及び安全上支障がない場合は、他の学校等の施設
及び設備を一時的に使用することができること。（通信教育規程第 11 条
関係）

⑦　実施校の学則中に、通信教育連携協力施設に関する事項を記載しな
ければならないこと。また、広域の通信制の課程を置く高等学校につ
いて、学則の記載事項のうち当該事項に係る変更を行う場合には、学
校教育法第 54 条第 3 項及び学校教育法施行令第 24 条の 2 第 4 号の規
定に基づき文部科学大臣に届け出なければならないこと。（施行規則第
4 条第 2 項第 2 号及び第 16 条第 1 項関係）

⑧　実施校の設置者は、実施校の通信制の課程に係る収容定員のうち、
通信教育連携協力施設ごとの定員を学則で定めるものとすること。ま
た、通信教育連携協力施設ごとの定員に係る学則変更の認可申請又は
届出は、それぞれ認可申請書又は届出書に、施行規則第 5 条第 2 項の
書類のほか、経費の見積り及び維持方法を記載した書類並びに当該変
更後の定員に必要な校地校舎等の図面を添えてしなければならないこ
と。（通信教育規程第 4 条第 2 項及び施行規則第 5 条第 3 項関係）

(3)　主体的な学校運営改善の徹底（通信教育規程の一部改正）

①　実施校は、通信教育連携協力施設ごとに、当該通信教育連携協力施
設における連携協力に係る活動の状況について評価を行い、その結果
を公表するものとすること。また、当該結果を踏まえた当該通信教育
連携協力施設において通信教育を受ける生徒の保護者その他の当該通
信教育連携協力施設の関係者による評価を行い、その結果を公表する
よう努めるものとすること。（通信教育規程第 13 条第 1 項及び第 2 項関
係）

②　実施校は、上記①の評価結果を当該実施校の設置者に報告するとと

もに、当該通信教育連携協力施設における連携協力に係る活動の改善を図るため必要な措置を講ずるものとすること。（通信教育規程第13条第3項関係）

③　実施校は、次に掲げる教育活動等の状況（以下(d)から(e)までに掲げる事項にあっては、通信教育連携協力施設ごとの当該教育活動等の状況を含む。）についての情報を公表するものとすること。（通信教育規程第14条第1項関係）

(a)　学科の組織並びに学科及び通信教育連携協力施設ごとの定員に関すること。

(b)　通信教育を行う区域に関すること。

(c)　通信教育連携協力施設ごとの名称及び位置に関すること。

(d)　教員及び職員の数その他教職員組織に関すること。

(e)　入学、退学、転学、休学及び卒業に関すること（入学者の数、在籍する生徒の数、退学若しくは転学又は卒業した者の数並びに進学者数及び就職者数その他進学及び就職等の状況を含む。）。

(f)　通信教育実施計画に関すること。

(g)　校地、校舎等の施設及び設備その他の生徒の教育環境に関すること。

(h)　授業料、入学料その他の費用徴収に関すること。

(i)　生徒の学習活動、進路選択及び心身の健康等に係る支援に関すること。

④　上記③の情報の公表は、適切な体制を整えた上で、刊行物への掲載、インターネットの利用その他広く周知を図ることができる方法によって行うものとすること。（通信教育規程第14条第2項関係）

(4)　施行期日及び経過措置

①　上記2(1)から(3)までの改正は、令和4年4月1日から施行すること。（改正省令附則第1条関係）

②　通信制の課程を置く高等学校において同時に面接指導を受ける生徒数については、特別の事情があり、かつ、教育上支障がない場合に限

り、なお従前の例によることができること。（改正省令附則第2条関係）

③　改正省令の施行の際現に存する通信制の課程を置く高等学校の学則については、改正省令の施行の日以後最初に学校教育法施行規則第5条第1項の学則変更についての認可申請がなされる日又は令和5年3月31日のいずれか早い日までの間は、なお従前の例によることができること。（改正省令附則第4条関係）

3　多様な学習ニーズへの対応関係
(1)　学校間連携及び定通併修の対象拡大（施行規則及び通信教育規程の一部改正）

①　生徒が在学する高等学校以外の高等学校又は中等教育学校の後期課程において科目の単位を修得した場合に、当該修得した単位数を当該生徒の在学する高等学校が定めた全課程の修了を認めるに必要な単位数のうちに加えることができる制度（以下「学校間連携」という。）については、その対象が科目の単位に限られていたが、総合的な学習の時間の単位をその対象に加えること。（施行規則第97条第1項及び第2項関係）

②　通信教育規程第12条についても、上記①と同旨の改正を行うこと。（通信教育規程第12条第1項、第2項及び第3項関係）

(2)　少年院における矯正教育の単位認定（施行規則の一部改正）

高等学校の校長は、教育上有益と認めるときは、当該校長の定めるところにより、少年院法（平成26年法律第58号）の規定による矯正教育で高等学校学習指導要領の定めるところに準じて修得したと認められるものに係る学修（当該生徒が入学前に行ったものを含む。）を、当該生徒の在学する高等学校における科目の履修とみなし、当該科目の単位を与えることができること。（施行規則第100条第3号関係）

(3)　単位制の課程における教育課程に関する情報の公表（単位制高等学校教育規程（昭和63年文部省令第6号。以下「単位制規程」という。）の一部改正）

    ① 高等学校の単位制による課程（学年による教育課程の区分を設けない全日制の課程、定時制の課程及び通信制の課程をいう。以下同じ。）においては、そのうち定時制の課程及び通信制の課程について、多様な科目を開設するよう努めるものとされているが、全日制についても多様な科目を開設するよう努めるものとすること。（単位制規程第6条第1項関係）

    ② 単位制による高等学校を置く高等学校の設置者は、当該高等学校が単位制による課程を置くものであることを明示するものとすること。（単位制規程第10条第1項）

    ③ 単位制による課程のうち全日制の課程又は定時制の課程であるものを置く高等学校の設置者は、教育課程に関する情報を公表するものとすること。（単位制規程第10条第2項）

    ④ 上記②の明示及び③の情報の公表は、刊行物への掲載、インターネットの利用その他広く周知を図ることができる方法によって行うものとすること。（単位制規程第10条第3項）

 (4) 施行期日

    上記3(1)及び(2)の改正は令和3年4月1日から、上記3(3)の改正は令和4年4月1日から、それぞれ施行すること。（改正省令附則第1条関係）

4 中等教育学校の後期課程及び特別支援学校の高等部への準用その他

    ① 上記1から3までの改正（1(1)のうち入学者の受入れに関する方針に関することを除く。）は、中等教育学校の後期課程に準用すること。（施行規則第113条関係）

    ② 上記3(1)①、(2)及び(3)の改正は、特別支援学校の高等部に準用すること。（施行規則第135条関係）

    ③ その他所要の規定の整備を行うこと。

第2　留意事項

1 高等学校に期待される社会的役割等の再定義及び三つの方針の策定・公

4. 文部科学省初等中等教育局長「学校教育法施行規則等の一部を改正する省令等の公布について（通知）」

表について

(1) 各設置者においては、その設置する高等学校（中等教育学校の後期課程を含む。以下第2の1から4及び8において同じ。）が三つの方針を策定する前提として、各高等学校やその立地する市区町村等と連携しつつ、各高等学校に期待される社会的役割等（いわゆる「スクール・ミッション」。）を再定義することが望まれること。その際、以下の事項について留意すること。

① 当該社会的役割等は、在籍する生徒及び教職員その他の学校内外の関係者に対して分かりやすく当該高等学校の役割や教育理念を示すものとなるよう再定義することが望ましいこと。その際、各高等学校間のいわゆる学力差を固定化・強化するものとならないように十分配慮すること。

② 当該社会的役割等の再定義は、各地域や高等学校の実情等を踏まえ、各設置者において適切な時機を捉えて行うことが望まれること。

③ 当該社会的役割等の策定単位は、高等学校全体とすることが基本であるが、当該高等学校の一体的な運営に配慮しながら学科並びに全日制の課程、定時制の課程及び通信制の課程（以下単に「課程」という。）を策定単位にすることも考えられること。

(2) 三つの方針（いわゆる「スクール・ポリシー」。）は、高等学校教育の入学者選抜時から卒業時までの教育活動を一貫した体系的なものに再構成するとともに、教育活動の継続性を担保するために作成するものであり、形式的ではなく内容の伴う記述であること、三つの方針を相互に関連して整合性のあるものとして作成することが望まれること。なお、各方針において定めることが求められる内容は以下のとおりであること。

① 「高等学校学習指導要領に定めるところにより育成を目指す資質・能力に関する方針」（以下「育成を目指す資質・能力に関する方針」という。いわゆる「グラデュエーション・ポリシー」。）は、各高等学校に期待される社会的役割等に基づき、生徒の卒業後の姿を見据えて、学校教育活動を通じて生徒にどのような資質・能力を育成することを目指

すのかを定める基本的な方針となるもの。

②　「教育課程の編成及び実施に関する方針」（いわゆる「カリキュラム・ポリシー」。）は、育成を目指す資質・能力に関する方針を達成するために、どのような教育課程を編成し、実施し、学習評価を行うのかを定める基本的な方針となるもの。

③　「入学者の受入れに関する方針」（いわゆる「アドミッション・ポリシー」。）は、各高等学校に期待される社会的役割等や、育成を目指す資質・能力に関する方針と教育課程の編成及び実施に関する方針に基づく教育内容等を踏まえ、入学時に期待される生徒像を示す基本的な方針となるもの。

(3)　三つの方針の策定単位は、教育課程編成の基本的単位である学科又は課程とすることが基本であること。ただし、複数の学科や課程をまとめて策定単位とすることや、当該高等学校全体を策定単位にすることも妨げられないこと。また、三つの方針の運用上の名称は各設置者及び各高等学校において定めることが可能であること。

(4)　各高等学校においては、策定した三つの方針を起点としたカリキュラム・マネジメントを行い、各教育活動が組織的かつ計画的に実施され、改善が図られることや、教育活動や業務内容の重点化等が図られることが強く期待されること。各設置者においては、各高等学校における三つの方針の効果的な策定及び運用を推進するための指導及び助言並びに支援が期待されること。

(5)　中等教育学校の後期課程においては、生徒がその前期課程修了後に同一の学校内で進級するという性質を有するものであるため、入学者の受入れに関する方針を定めることは改正省令において定められていないこと。一方で、前期課程の生徒に対して、後期課程への進級時に期待される生徒像を示すことも各中等教育学校における指導上の工夫として考えられること。また、中等教育学校の後期課程だけでなく、前期課程から後期課程までを通した三つの方針を策定することも指導上の工夫として考えられること。

(6)　上記(1)から(5)のほか、各高等学校の社会的役割等の再定義並びに三つの方針の策定及び運用に際しては、高校ワーキンググループ審議まとめ第3章1(3)及び(4)も参考の一つとして取り扱うこと。

2　高等学校と関係機関等との連携協力体制の整備について

(1)　各高等学校において連携・協働を行う関係機関等を検討する際には、各高等学校の三つの方針等を踏まえ、特色・魅力ある教育を行うために必要な体制を整備する観点から検討を行うことが望まれること。

(2)　関係機関等との連携協力体制を整備するに当たっては、関係機関等との連絡調整業務を校務分掌として特定の教職員に担わせることが考えられるが、その場合であっても、当該担当教職員のみが関係機関等との連携協力体制の整備に関わるのではなく、校長及び管理職等のリーダーシップの下で組織的に対応することや、設置者による積極的な支援及び関与が必要であること。また、いわゆるコーディネーターを配置することを含め、教職員以外の者が関係機関等との連絡調整を担うことも考えられるが、その場合には、責任体制等を明確にする必要があること。

(3)　大学等との連携・協働を行う場合には、施行規則第98条に規定する生徒が在学する高等学校における学修以外の学修について在学校の科目の履修とみなして単位を与える制度の活用も考えられること。その際、「高等学校等における学校外学修の単位認定について」（29初初企第4号平成29年5月9日付け文部科学省初等中等教育局初等中等教育企画課長通知）も参照すること。

3　高等学校における「普通教育を主とする学科」の弾力化について

(1)　設置基準第6条第1項に規定するその他普通教育を施す学科として適当な規模及び内容があると認められる学科（以下「新学科」という。）については、第20条第1項に規定する学際領域に関する学科及び第21条第1項に規定する地域社会に関する学科が主として想定されるが、どのような学科を設置するかについては、各設置者において各地域や高等学

校の実情等を踏まえて適切に判断すること。また、学際領域に関する学科及び地域社会に関する学科の両者の特徴を併せ持つ学科を設置することも可能であること。

(2) 設置基準第6条第1項に規定する「適当な規模及び内容」については、高等学校段階において普通教育として施す内容が指導要領の内容に照らし合わせて適当な教育内容となっているか、また、効果的な教育を行う上で適当な生徒定員となっているか等について、設置認可権者が適切に判断するものであること。

(3) 新学科の名称は、設置基準第6条の2の規定を踏まえつつ、学校外の関係者、とりわけ高等学校への進学を希望する中学生が当該学科における教育内容を容易に想起しうるものとすることが重要であること。なお、大学受験を目的としているかのような学科の名称は適切ではないこと。

(4) 新学科における教育課程の編成及び実施に際しては、以下の点に留意すること。

① 各学科に共通する各教科・科目の学びを基盤に置きつつ、学校設定教科に関する科目を含めた各教科・科目及び総合的な探究の時間を相互に関連付けながら教育課程全体として当該学科の特色等に応じた教育課程の編成及び実施に取り組むこと。

② 学校設定教科に関する科目において社会的課題等に関連した内容を取り扱う場合に、総合的な探究の時間において当該社会的課題等を踏まえた目標を設定し、その内容として目標を達成するにふさわしい探究課題を設定するなど、当該学校設定教科に関する科目と総合的な探究の時間については、特にその相互の関連性に留意し、系統的、発展的な指導を行うよう配意すること。

③ 指導要領第1章第2款の3の(3)のコの規定は新学科についても適用され、理数の「理数探究基礎」又は「理数探究」の履修によって総合的な探究の時間の履修と同様の成果が期待できる場合においては、指導要領第1章第2款の3の(2)のイの(イ)及び(ウ)の規定に基づく総合的な探究の時間の履修についても、「理数探究基礎」又は「理数探究」の

　履修をもって替えることができること。

(5)　新学科に係る校内体制及び関係機関等との連携協力体制については、以下の点に留意すること。なお、これらの点については新学科において特に重要と考えられるものであるが、普通科や専門教育を主とする学科、総合学科においても共通的に重要な点であること。

　①　校長及び管理職等のリーダーシップの下、全ての教職員が協力してカリキュラム・マネジメントに取り組むことが必要であること。その際、各高等学校に期待される社会的役割等や各高等学校の三つの方針について全ての教職員の間で共通理解を図ることが重要であること。

　②　新学科における学校設定教科に関する科目の指導においては、当該科目における学習内容と関連性の高い教科の免許状を有する教師を中心にしながら、当該教科・科目の学習内容に関連する専門性を有する外部人材の助力を得て指導することが重要であること。

　③　学際領域に関する学科及び地域社会に関する学科においては、関係機関等との連携協力体制を整備するため、高等学校の教職員が校務分掌として当該機関等との連絡調整業務を担うことのみならず、いわゆるコーディネーターを配置し、教職員以外の者が関係機関等との連絡調整を担うことも考えられるが、その場合には、責任体制等を明確にする必要があること。

　④　地域社会に関する学科においては、地域社会との連携を進める観点から、学校運営協議会を設置し、地域社会の参画・協力を得て学校運営を行うことが望まれること。また、設置基準第21条第2項に規定する連携協力体制については、学校運営協議会と地域学校協働本部が有機的に連携し、学校設定教科に関する科目の開設及び実施その他の学校運営の円滑かつ効果的な実施に向けた取組を行っている場合も含まれること。

(6)　上記(1)から(5)のほか、新学科の設置及びその教育活動その他の学校運営に関しては、高校ワーキンググループ審議まとめ第3章2(1)も参考の一つとして取り扱うこと。

4　高等学校通信教育の質保証について

(1)　教育課程の編成・実施の適正化に際しては、以下の点に留意すること。

　①　通信教育実施計画の作成に当たっては、通信教育規程第４条の３各号に掲げる事項がそれぞれ容易に理解できるよう記載されている必要があること。たとえば、通信教育規程第４条の３第２号に掲げる「通信教育の方法及び内容並びに一年間の通信教育の計画」としては、通信教育規程第２条第１項及び第２項の規定に基づき、添削指導、面接指導及び試験並びに多様なメディアを利用した指導等の方法で区分した上で、その実施回数等に応じながら、取り扱う単元などの具体的な実施内容を記載するとともに、添削課題の提出日、面接指導の実施日及び試験の実施日並びに報告課題の提出日などの具体的な年間計画を記載するなど、容易に理解できるよう工夫して記載するものとすること。

　②　通信教育実施計画の作成に当たっては、通信教育規程第３条の規定により通信教育連携協力施設を設ける場合には、通信教育規程第４条の３各号に掲げる事項に関する当該通信教育連携協力施設ごとの連携協力に係る活動の状況について、容易に理解できるよう記載されている必要があること。たとえば、実施校と通信教育連携協力施設とで面接指導等の実施日が異なる場合には、当該通信教育連携協力施設で面接指導等を受けることを予定する生徒に対して、当該通信教育連携協力施設において実施される面接指導等の一年間の計画等が容易に理解できるよう記載し、明示するものとすること。

　③　通信教育実施計画の作成に当たっては、学校教育法等の関係法令に則って、高等学校として実施する高等学校通信教育と、正規の教育課程ではない教育活動（いわゆる「通学コース」。）とは明確に区別されるものであり、渾然一体となって記載されることがないようにすること。

　④　通信教育実施計画については、通信教育規程第４条の３の規定に基づき、生徒に対して、あらかじめ明示するものとするとともに、通信教育規程第14条第１項第６号及び同条第２項の規定に基づき、広く

一般に公開するものとすること。たとえば、刊行物の掲載、学校ホームページを活用したインターネットの利用等の方法が考えられること。

⑤　面接指導は、通信教育規程第4条の2の規定により、個々の生徒に応じたきめ細かな指導が行えるよう、少人数で行うことを基本とすること。具体的には、各学校や生徒の実態等を踏まえ、面接指導の意義及び役割を十分に発揮できるよう、各教科・科目等の特質に応じて適切に設定するべきものであり、同時に面接指導を受ける生徒数は、多くとも40人を超えない範囲内で設定すること。

⑥　多様なメディアを利用して行う学習を計画的かつ継続的に取り入れ、面接指導等の時間数の一部を免除しようとする場合には、本来行われるべき学習の量と質を低下させることがないよう、免除する時間数に応じて報告課題等の作成を求めるなど、高等学校教育として必要とされる学習の量と質を十分に確保すること。その際には、生徒の多様な状況に留意しつつ、観点別学習状況の評価が可能となるようその報告課題等の作成を求めるなどすること。

⑦　試験は、添削指導及び面接指導等における学習成果の評価とあいまって、単位を認定するために個々の生徒の学習状況等を測るための手段として重要な役割を担うものであり、各教科・科目等の目標の実現に向けた学習状況を把握する観点から、添削指導及び面接指導等の内容と十分関連付けて、その内容及び時期を適切に定めることとすること。例えば、1科目20分で実施することや、学期末以外の時期に行われる集中スクーリング（合宿等を伴って特定時期に集中的に行う面接指導をいう。以下同じ。）において試験を実施することなどは適切ではないこと。

(2)　サテライト施設の教育水準の確保に際しては、以下の点に留意すること。

①　面接指導等実施施設は、実施校の分校又は協力校であることを基本とすること。ただし、特別の事情があり、かつ、教育上支障がない場合は、大学、専修学校、指定技能教育施設その他の学校又は施設とす

ることができること。具体的に、「特別の事情」がある場合としては、例えば、生徒の通学可能区域に本校がなく、かつ、実施校の分校又は協力校を設けることができない等の場合などが考えられること。また、面接指導等実施施設として他の学校又は施設を使用して、添削指導、面接指導、多様なメディアを利用した学習を取り入れた指導、試験及び生徒の履修状況の把握や確認その他生徒の成績評価や単位認定等に関わる業務を行う場合には、実施校の身分を有しない通信教育連携協力施設の職員に実施させることなく、実施校の身分を有する教職員が責任を持って行うこととすること。

②　通信教育規程第10条の2第3項に定める「通信教育連携協力施設を設ける場合」とは、新たな通信教育連携協力施設の設置と設置後の維持運営を併せ持つ意味であることから、通信教育連携協力施設が同条第1項及び第2項に定める基準に適合することについて、通信教育連携協力施設を新たに設ける場合に確認を行うとともに、設けた後も当該基準に従って適切に維持管理されていることの確認を行うべきであること。また、通信教育連携協力施設を設けた後に、通信教育規程第4条第2項に規定する通信教育連携協力施設ごとの定員を変更しようとする場合においても、同様に確認を行うこととすること。

③　私立の実施校の設置者にあっては、通信教育規程第10条の2第3項に規定する確認を行うに当たって、同条第1項及び第2項の規定を踏まえて所轄庁である都道府県又は認定地方公共団体が具体に定める認可基準を順守して、適切な教育環境が備わっていることを確認するものとすること。また、その具体的な確認内容及び確認結果については、所轄庁である都道府県又は認定地方公共団体からの求めに応じてすみやかに提出することができるよう、適切に保存及び管理すること。

④　面接指導等実施施設における教育課程の適切な編成・実施が可能となるよう、その教育環境の確保に当たっては、当該面接指導等実施施設において面接指導等の実施に連携協力を行う各教科・科目等に応じて、例えば、保健体育等での実技、理科や家庭等での観察・実験や実

習等が十分に実施することができるよう、実施校と同様に、面接指導
等の実施に必要な実験・実習等のための施設及び設備や、保健体育の
面接指導等の実施に必要な運動場等を確保することとすること。

⑤　通信教育連携協力施設の教育環境の確保に当たっては、多様な生徒
の実態を踏まえ、例えば保健室の整備や養護教諭等の配置を行うなど、
生徒にとって安心・安全な居場所を提供することができるものとする
こと。

(3)　主体的な学校運営改善の徹底に際しては、以下の点に留意すること。

①　通信教育規程第13条に定める通信教育連携協力施設における連携
協力の状況の評価を行うに当たっては、実施校と同様に、「学校評価
ガイドライン〔平成28年改訂〕」（平成28年3月22日、文部科学省作成）
等を踏まえるとともに、実施校による各通信教育連携協力施設への実
地調査の実施や連絡会議の開催等を通じて、少なくとも1年度間に1
回は行うことを基本とすること。

②　通信教育規程第14条に定める情報の公表に当たっては、公的な教
育機関として社会への説明責任を果たし、外部から適切な評価を受け
ながら教育水準の向上を図る観点から、例えば、学校ホームページに
おいて情報の公表を目的とするウェブページを設けて、同条第1項各
号に掲げる事項等を体系的に整理して発信するなど、分かりやすく周
知することができるよう工夫して公表するものとすること。

(4)　「高等学校通信教育の質の確保・向上のためのガイドライン」（以下
「ガイドライン」という。）について、今般の改正に伴い、上記(1)から(3)
までの留意事項を加えるとともに、「通信制高等学校の質の確保・向上
に関する調査研究協力者会議（審議まとめ）」（令和3年2月25日通信制高
等学校の質の確保・向上に関する調査研究協力者会議）等を踏まえ、高等
学校通信教育の質保証を図る観点から、以下の点について明確化するな
ど、改めて整理することとしたこと。具体的に、ガイドラインの一部改
訂に係る新旧対照表及び改訂後のガイドラインの全文については、別添
4及び別添5を参照いただきたいこと。

① 面接指導は、指導要領に規定される各教科・科目等の目標及び内容を踏まえ、計画的かつ体系的に指導することが必要であるとともに、とりわけ特別活動や総合的な探究の時間は、不適切な運用も多く見受けられることから、指導要領に規定される目標及び内容に改めて留意した上で、適切に実施すべきであることを明確化したこと。

② 集中スクーリングの実施を計画する場合には、生徒及び教職員の健康面や指導面の効果を考慮して、例えば8時30分から17時15分までとしたり、多くとも1日当たり8単位時間までを目安に設置したりするなど、1日に実施する面接指導の時間数を適切に定めること（なお、オリエンテーションなどの面接指導以外の活動をその時間の前後に位置付けることを妨げるものではないが、生徒及び教職員の健康面には十分に配慮すべきであること。）を明確化したこと。

③ 不登校経験や中途退学その他多様な課題を抱える生徒の実態等を踏まえ、きめ細かな支援の充実に努めることが重要であるところ、例えば養護教諭、スクールカウンセラーやスクールソーシャルワーカーを配置するなどの対応が考えられることを明確化したこと。

④ 学校に在籍しながら履修登録を行わない生徒や、履修登録しているにも関わらず、添削課題への取組や面接指導への参加が困難な生徒に対しては、個々の実情に応じ、適切な指導又は支援を行うよう努めることが重要であるところ、例えば生徒や保護者等への面談や電話かけ等を行うなどの対応が考えられることを明確化したこと。

⑤ 外部の専門家を中心とした評価者による第三者評価の実施により、学校が自らの状況を客観的に見ることができるようになるとともに、専門的な分析や助言によって、学校運営や教育活動等の適正化に資するものとなることに加え、学校の優れた取組や、学校の課題とこれに対する改善方策等が明確となり、学校の活性化や信頼される魅力ある学校づくりにつながることが期待されるものであることから、主体的な学校運営改善の実現に向けた有効な手段として、学校の実情に応じ、第三者評価を活用することが考えられるものであることを明確化した

こと。

5　学校間連携及び定通併修の対象拡大について

　(1)　学校間連携を活用する場合は、両校において教育内容をあらかじめ確認し、生徒が在学する高等学校等（中等教育学校の後期課程及び特別支援学校の高等部を含む。以下第2の5から7において同じ。）において定める卒業に必要な単位数のうちに加えるに足る学習内容であるかについて、当該高等学校等において判断する必要があること。

　(2)　学校間連携による授業の履修は、主として生徒が履修を希望する科目等が当該生徒の在学する高等学校等において開設されていない場合に行われることが考えられるが、当該高等学校等において開設されている科目等について、学校間連携によってより専門性の高い授業や特色のある授業を履修することも可能であること。ただし、学校間連携によって各科目等の履修が行われることを前提として教職員の配置等について通常の標準を下回らせることは不適切な対応であること。

　(3)　施行規則第98条は改正省令によって改正されていないことから、同条各号の規定により、大学等における学修等を生徒が在学する高等学校等における総合的な探究の時間（総合的な学習の時間を含む。以下同じ。）の履修とみなし、総合的な探究の学習の単位の修得を認めることができないことは変わらないこと。

　(4)　上記(1)から(3)の学校間連携に関する留意事項は、通信教育規程第12条による単位の取扱いにおいても同様であること。

　(5)　施行規則第97条及び通信教育規程第12条の規定により、高等学校等の全日制の課程及び定時制の課程に在籍する生徒が、自校又は他校の通信制の課程において開設される科目等を履修することが可能であること。例えば、離島・中山間地域等に所在する高等学校等に在籍する生徒であっても、当該高等学校等に通学して授業を受けながら、一部の科目について通信制の課程の科目等を受講することで、多様な科目を学ぶことなども考えられること。

6　少年院における矯正教育の単位認定について

(1)　少年院における矯正教育を高等学校等において単位認定することについては、「少年院在院者に対する高等学校教育機会の提供に関する検討会報告書」（令和2年12月7日）を踏まえ、まずは、一部の少年院と通信制の課程を置く高等学校とが連携する中での取組において試行的に活用することが予定されていること。

(2)　今後、法務省の主導の下で、上記(1)の試行的な取組を踏まえ、少年院矯正教育の指導内容等に関する高等学校関係者向け手引きの策定が予定されているところ、当該手引きが策定された際には、各都道府県教育委員会等に対して改めてその旨を通知する予定であること。

(3)　少年院在院者に対する修学支援の充実に向けて、少年院と通信制の課程を置く高等学校とが連携する取組を行う中で、少年院内で面接指導等を実施することを目的とする場合には、通信教育規程第3条の規定に基づき、当該通信制の課程を置く高等学校は当該少年院に係る施設を面接指導等実施施設とすることが可能であること。私立の通信制の課程を置く高等学校がその旨を内容とする学則の変更を行う場合においては、所轄庁である都道府県又は認定地方公共団体は、その認可に当たって可能な限り配慮いただきたいこと。

7　単位制の課程における教育課程に関する情報の公表について

(1)　単位制の課程は、学年による区分を設けない教育課程に従って生徒が履修科目を選択し単位を修得することを可能にすること等を目的として制度化されたものであり、この趣旨目的を踏まえ、単位制の課程を置く高等学校等においては、入学年次にかかわらず多様な開設科目から生徒が選択履修することを可能とするなど、制度趣旨に照らした教育課程の編成及び実施並びに教員配置が求められること。

(2)　単位制規程第10条第2項及び第3項の規定に基づき公表する教育課程に関する情報としては教育課程表が想定され、入学年次にかかわらず履修可能な科目や、生徒による選択が可能な科目が分かるようにするこ

とが求められること。その際、入学年次にかかわらず履修できる科目数が限定的である教育課程を編成している高等学校等については、施行規則第103条第1項の規定の趣旨に鑑み、見直しが求められること。

(3) 単位制による課程については、多様な科目を開設し、選択幅の広い教育課程を編成するとともに、生徒の主体的、自律的な科目選択が可能となるようガイダンスの機能の充実を図ることが必要であること。

8 その他

高等学校に置く各学科における特色化・魅力化に際しては、高校ワーキンググループ審議まとめも参考にしながら、次のような点について留意すること。

① 各高等学校においては教育課程の類型としていわゆる文系・理系等の区別を設けている場合があるが、教育課程の編成に当たってはこうした類型に過度にとらわれず、生徒の将来のキャリア形成の観点から必要な教科・科目の履修が可能となるような教育課程の編成に努めること。

② 各設置者においては、生徒が進路変更を希望する場合の学校間、課程間又は学科間の異動に伴う転入学等の受入れに関し、柔軟な取組を積極的に進めること。

③ 各設置者においては、各都道府県内の小学校及び中学校等の設置者と連携し、各高等学校の特色・魅力を児童生徒に対して伝えるための取組を行うことが重要であること。

④ 職業教育を主とする学科を置く高等学校については、地域産業界や地方公共団体と一体となって最先端の職業人を育成するとともに、その特色化・魅力化に向けた取組を進めること。その際、次のような点に留意すること。

(a) 実社会において求められる知識及び技能が変化していることを踏まえ、担当教師の資質能力の向上に向けた取組や多様な知識及び経験を有する外部人材の活用に努めること。

(b)　職業教育に必要な施設・設備の充実に当たって、各設置者において計画的に整備を進めることが重要であること。

(c)　専攻科制度の活用や高等専門学校への改編も視野に入れつつ、必ずしも3年間に限らない教育課程や、高等教育機関等と連携した一貫した教育課程を編成・実施することも考えられること。

⑤　総合学科を設置する高等学校については、多様な開設科目から科目選択が可能であること等の特徴を踏まえて、その特色化・魅力化に向けた取組を進めること。その際、次のような点に留意すること。

(a)　初年次における原則履修科目である「産業社会と人間」の内容と他教科・科目等の内容との相互の関連性と学習の系統性に留意したカリキュラム・マネジメントを実施すること。教育課程全体を系統的に実施する観点から、卒業年次において課題研究を履修させることも考えられること。

(b)　多様な科目を開設する観点から、施行規則第88条の3の規定に基づくメディアを利用した授業を実施したり、施行規則第97条の規定に基づく学校間連携の制度を活用したりすることが考えられること。

【別添1】学校教育法施行規則等の一部を改正する省令（令和3年文部科学省令第14号）

【別添2】高等学校学習指導要領の一部を改正する告示（令和3年文部科学省告示第61号）

【別添3】中等教育学校並びに併設型中学校及び併設型高等学校の教育課程の基準の特例を定める件及び連携型中学校及び連携型高等学校の教育課程の基準の特例を定める件の一部を改正する告示（令和3年文部科学省告示第62号）

【別添4】高等学校通信教育の質の確保・向上のためのガイドライン（令和3年3月一部改訂）

【別添5】高等学校通信教育の質の確保・向上のためのガイドラインの一部

4. 文部科学省初等中等教育局長「学校教育法施行規則等の一部を改正する省令等の公布について（通知）」

　改訂（新旧対照表）

【別添6】新しい時代の高等学校教育の実現に向けた制度改正等について（概要）

【別添7】学校教育法施行規則等の一部改正に関するＱ＆Ａ（令和3年3月31日　文部科学省初等中等教育局参事官（高等学校担当）付）

5. 文部科学省「高等学校通信教育の質の確保・向上のためのガイドライン」（28文科初第913号・29文科初第1765号・2文科初第2124号）

高等学校通信教育の質の確保・向上のためのガイドライン

平成28年9月策定
平成30年3月一部改訂
令和 3 年3月一部改訂

　本ガイドラインは、高等学校通信教育の質の確保・向上を図るため、通信制の課程を置く高等学校（以下「実施校」という。）における主体的な学校運営改善のための取組や、所轄庁における実施校に対する指導監督の際に参照すべき指針として策定するものである。

　実施校においては、校長及び教員の資格、学校の管理運営、施設・設備、学科及び教育課程、入学・退学・転学等の事項について、学校教育法（昭和22年法律第26号）その他の関係法令を遵守するとともに、特に以下の点に留意して学校運営を行う必要がある。

1．学校の管理運営に関する事項

(1) 教職員の配置等

　① 実施校の設置者は、高等学校通信教育規程（昭和37年文部省令第32号。以下「通信教育規程」という。）第2条に規定する添削指導、面接指導、多様なメディアを利用した学習を取り入れた指導及び試験について、各教科の教員免許状を取得している実施校の教員により行うことができるよう、教員配置を行うとともに、多様な生徒一人一人の事情に寄り添ったきめ細かな指導を行うことができるよう、教員配置の充実を図ること。

　② 不登校経験や中途退学その他多様な課題を抱える生徒の実態等を踏

218

まえ、養護教諭、スクールカウンセラーやスクールソーシャルワーカーを配置するなど、きめ細かな支援の充実に努めること。

③ 特別な支援を要する生徒の実態等を踏まえ、特別支援教育に関する校内委員会の設置や実態把握、特別支援教育コーディネーターの指名、特別支援教育に関する専門的な知識・経験を有する教員等の配置、個別の指導計画や個別の教育支援計画の策定・活用、教員の専門性向上のための研修の実施等により、支援の充実に努めること。

④ 進学・就職支援を担当する教職員やキャリアカウンセラーを配置するなど、生徒の社会的・職業的自立に向けた支援の充実に努めること。

⑤ 実施校の設置者は、事務職員の配置等による学校事務体制の整備に努めること。

(2) **施設及び設備の整備等**

① 高等学校の教育を行う上で適切な環境に位置すること。

② 実施校の校舎面積は、原則として通信教育規程第8条に定める面積（1200平方メートル）以上とすること。

③ 実施校の施設及び設備は、通信教育規程第9条に規定する校舎に備えるべき施設（教室（普通教室、特別教室等）、図書室、職員室、専門教育を施すための施設）のほか、実施校の教育課程に規定される教科・科目等の面接指導に必要な実験・実習等のための施設及び設備を備え、保健体育の面接指導に必要な運動場等を確保すること。また、これらが持つ本来の機能が十分発揮されるような環境づくりに努めること。

(3) **通信教育連携協力施設の設置等**

① 実施校の設置者は、通信教育連携協力施設（通信教育規程第3条第1項に規定する通信教育連携協力施設をいう。以下同じ。）として、面接指導等実施施設（通信教育規程第3条第1項第1号に規定する面接指導等実施施設をいう。以下同じ。）、学習等支援施設（通信教育規程第3条第1項第2号に規定する学習等支援施設をいう。以下同じ。）を設けることができること。

② 面接指導等実施施設は、実施校の分校又は協力校であることを基本

とすること。ただし、特別の事情があり、かつ、教育上支障がない場合は、大学、専修学校、指定技能教育施設その他の学校又は施設とすることができること。具体的に、「特別の事情」がある場合としては、例えば、生徒の通学可能区域に本校がなく、かつ、実施校の分校又は協力校を設けることができない等の場合などが考えられること。また、面接指導等実施施設として他の学校又は施設を使用して、添削指導、面接指導、多様なメディアを利用した学習を取り入れた指導、試験及び生徒の履修状況の把握や確認その他生徒の成績評価や単位認定等に関わる業務を行う場合には、実施校の身分を有しない通信教育連携協力施設の職員に実施させることなく、実施校の身分を有する教職員が責任を持って行うこととすること。

③　面接指導等実施施設の編制、施設及び設備は、当該面接指導等実施施設に係る学校又は施設の種類、連携協力の内容及びその定員その他の実情を勘案し、高等学校通信教育規程第5条から第10条までに定める基準に照らして、面接指導又は試験等の実施について適切に連携協力を行うことができるものでなければならないこと。

④　学習等支援施設の施設及び設備は、教育上及び安全上支障がないものでなければならないこと。

⑤　実施校の設置者は、通信教育連携協力施設を設ける場合には、当該通信教育連携協力施設が上記③及び④の基準に適合することについて、確認を行うものとすること。この場合において、当該通信教育連携協力施設が実施校の存する都道府県の区域外に所在するときは、その所在地の都道府県知事が定める通信制高等学校の設置認可基準（当該基準が定められていないとき又は公表されていないときは除く。）は、当該基準を参酌して当該確認を行わなければならないこと。

⑥　通信教育規程第10条の2第3項に定める「通信教育連携協力施設を設ける場合」とは、新たな通信教育連携協力施設の設置と設置後の維持運営を併せ持つ意味であることから、通信教育連携協力施設が上記③及び④の基準に適合することについて、通信教育連携協力施設を

新たに設ける場合に確認を行うとともに、設けた後も当該基準に従って適切に維持管理されていることの確認を行うべきであること。また、通信教育連携協力施設を設けた後に、通信教育規程第4条第2項に規定する通信教育連携協力施設ごとの定員を変更しようとする場合においても、同様に確認を行うこととすること。

⑦　私立の実施校の設置者にあっては、上記⑤の確認を行うに当たって、上記③及び④を踏まえて所轄庁である都道府県又は認定地方公共団体（構造改革特別区域法（平成14年法律第189号）第12条第1項の認定を受けた地方公共団体をいう。以下同じ。）が具体に定める認可基準を順守して、適切な教育環境が備わっていることを確認するものとすること。また、その具体的な確認内容及び確認結果については、所轄庁である都道府県又は認定地方公共団体からの求めに応じてすみやかに提出することができるよう、適切に保存及び管理すること。

⑧　面接指導等実施施設における教育課程の適切な編成・実施が可能となるよう、その教育環境の確保に当たっては、当該面接指導等実施施設において面接指導等の実施に連携協力を行う各教科・科目等に応じて、例えば、保健体育等での実技、理科や家庭等での観察・実験や実習等が十分に実施することができるよう、実施校と同様に、面接指導等の実施に必要な実験・実習等のための施設及び設備や、保健体育の面接指導等の実施に必要な運動場等を確保することとすること。

⑨　通信教育連携協力施設の教育環境の確保に当たっては、多様な生徒の実態を踏まえ、例えば保健室の整備や養護教諭等の配置を行うなど、生徒にとって安心・安全な居場所を提供することができるものとすること。

⑷　通信教育連携協力施設との適切な連携協力関係の確保等

①　通信教育連携協力施設を設ける実施校の設置者は、当該施設との連携協力について担当する教職員を配置し、定期的に訪問するなど、適切な連携協力関係の確保に努めること。

②　実施校の設置者は、通信教育連携協力を設ける場合は、その連携協

力内容について、当該施設の設置者とあらかじめ文書による取り決め
を行うこと。

③　添削指導、面接指導、多様なメディアを利用した学習を取り入れた
指導、試験及び生徒の履修状況の把握・確認その他生徒の成績評価や
単位認定等に関わる業務（以下「添削指導等」という。）は、実施校の
身分を有しない通信教育連携協力施設の職員など実施校の校長の監督
権が及ばない者に実施させることなく、実施校の教職員が行うこと[1]。

④　通信教育連携協力施設に実施校の教員を派遣・配置したり、通信教
育連携協力施設に勤務する各教科の教員免許状を有する職員に対して、
兼務発令等により実施校の教員としての身分を付与し、実施校の添削
指導等を行わせたりする場合、添削指導等が実施校の校長の監督下、
実施校の設置者の管理責任の下で行われること、及び実施校と通信教
育連携協力施設の業務が渾然一体とならないことを担保するための適
切な措置を講じること。

　　具体的には、例えば、契約書や委嘱状その他の書面により、通信教
育連携協力施設の職員が行うべき業務内容を明確に定めること、実施
校の方針に従い教育活動を行うことができるようマニュアルを整備す
ることや、通信教育連携協力施設における実施校の業務の管理を行う
ための専任の担当教職員を置くことなど、管理運営上、一層の工夫を
行うよう留意すること[2]。

⑤　生徒募集等の際に、実施校が行う高等学校通信教育と通信教育連携
協力施設が独自に行う活動との区別を明確に説明するなど、実施校と

1　実施校の校長の監督権が及ばないサポート施設の職員に添削指導等を行わせることが不適切で
あることは当然として、協力校についても、実施校の校長の監督権が及ばない協力校の教職員に、
実施校の教職員に代わって面接指導及び試験等を実施させることはできない。また、技能教育施
設についても、実施校の校長の監督権が及ばない技能教育施設の職員に、技能連携措置の対象と
なる教科・科目以外の教科・科目に関する添削指導等を実施させることはできない。

2　添削指導等については、実施校の設置者が連携施設の職員に対して給与等を支払っているかど
うかに関わらず、実施校の校長の監督下、その管理責任の下で行われることが必要である。また、
このことは、単に契約書や委嘱状等の形式ではなく、実態に即して判断するべきものであること
に留意することが必要である。

通信教育連携協力施設の関係について、実施校としてあらかじめ生徒・保護者に十分な説明を行うこと。また、通信教育連携協力施設において、通信教育連携協力施設が高等学校であると誤解させたり、通信教育連携協力施設の独自の活動等を受講することが高等学校を卒業するために必ず必要となるかのように説明したりするなど、不適切な勧誘等が行われないようにすること。授業料等についても、実施校が行う高等学校通信教育に係る授業料と通信教育連携協力施設が独自に行う活動等に係る費用の区別について、生徒・保護者に適切かつ明確な説明が行われるようにすること[3]。

⑥　通信教育連携協力施設において、実施校の名称のみを掲げた看板を設置するなど、通信教育連携協力施設が実施校の施設であるかのような誤解を招くことのないように留意すること。上記④の方法による場合においても、当該施設は、実施校とは連携等の関係にある施設であって、実施校の施設ではないことが明確になるようにすること。

(5) 学校評価

①　教育活動その他の学校運営の状況について、自己評価の実施・公表を行うとともに、関係者評価の実施・公表に努めること。

②　通信教育連携協力施設を設ける場合においては、通信教育連携協力施設ごとに、教育活動その他の当該通信教育連携協力施設における連携協力に係る状況について、自己評価の実施・公表を行うとともに、関係者評価の実施・公表に努めること。

③　上記①及び②の評価を行うに当たっては、「学校評価ガイドライン〔平成28年改訂〕」(平成28年3月22日、文部科学省作成)等を踏まえるとともに、実施校による各通信教育連携協力施設への実地調査の実施

3　本ガイドラインは、実施校において、高等学校通信教育の質の確保・向上のために留意すべき事項を定めるものであり、連携施設が独自に行う活動等について直接規定するものではないが、多くの連携施設において実施校の生徒募集等が行われている実態があることを実施校自らが認識していることや、実施校には、文書による取り決め等により連携施設との適切な協力・連携関係の確保に努めることが求められることに鑑みれば、実施校の責任として、生徒・保護者に対して不適切な説明が行われないようにすることが必要である。

や連絡会議の開催等を通じて、少なくとも1年度間に1回は行うことを基本とすること。

④　上記①及び②の評価を行った場合には、その結果を実施校の設置者に報告すること。また、これらの評価結果に基づき、学校運営や教育活動等の改善を図るため必要な措置を講ずることにより、その教育水準の向上に努めること。

⑤　外部の専門家を中心とした評価者による第三者評価の実施により、学校が自らの状況を客観的に見ることができるようになるとともに、専門的な分析や助言によって、学校運営や教育活動等の適正化に資するものとなることに加え、学校の優れた取組や、学校の課題とこれに対する改善方策等が明確となり、学校の活性化や信頼される魅力ある学校づくりにつながることが期待されるものであることから、主体的な学校運営改善の実現に向けた有効な手段として、学校の実情に応じ、第三者評価を活用することが考えられるものであること。

(6)　情報公開

①　実施校は、通信教育規程第14条第1項に掲げる教育活動等の状況として、以下に掲げる事項に関する情報（以下(d)から(i)までに掲げる事項にあっては、通信教育連携協力施設ごとの状況に関する情報を含む。）を公表すること。

　(a)　学科の組織及び収容定員、並びに通信教育連携協力施設ごとの定員に関すること。

　(b)　通信教育を行う区域に関すること。

　(c)　通信教育連携協力施設ごとの名称及び位置に関すること。

　(d)　教員及び職員の数その他教職員組織に関すること。

　(e)　入学、退学、転学、休学及び卒業に関すること（入学者の数、在籍する生徒の数、退学若しくは転学又は卒業した者の数並びに進学者数及び就職者数その他進学及び就職等の状況を含む。）。

　(f)　通信教育実施計画（通信教育規程第4条の3に規定する通信教育実施計画をいう。以下同じ。）に関すること。

(g) 校地、校舎等の施設及び設備その他の生徒の教育環境に関すること。

(h) 授業料、入学料その他の費用徴収に関すること。

(i) 生徒の学習活動、進路選択及び心身の健康等に係る支援に関すること。

② 上記①の情報の公表に当たっては、公的な教育機関として社会への説明責任を果たし、外部から適切な評価を受けながら教育水準の向上を図る観点から、例えば、学校ホームページにおいて情報の公表を目的とするウェブページを設けて、同条第1項各号に掲げる事項等を体系的に整理して発信するなど、分かりやすく周知することができるよう工夫して公表するものとすること。

(7) その他

① 編入学による生徒の受入れに当たっては、編入学を希望する生徒が在籍し、又はしていた教育機関について、法令上、編入学が認められるかどうかを確認するなど、適切に処理すること。また、学期の途中に転入学・編入学を受け入れる際には、前籍校における学習状況等を十分に確認した上で、下記2の教育課程等に関する事項を踏まえ適切な教育を行うこと。

② 高等学校入学者選抜の日程については、各都道府県において公・私立の高等学校及び中学校の関係者による協議等を経て定められていること、高等学校入学者選抜は、中学校の教育活動の成果を十分評価することができる資料及び時期により行われるよう特に配慮することが必要であることを踏まえ、入学者選抜及びその結果の公表は適切な時期に行うこと。また、通信教育連携協力施設において、不適切な時期に生徒・保護者に対して実施校への入学が決定したかのような説明がなされないようにすること。

③ 実施校において、学校教育法施行規則(昭和22年文部省令第11号)第28条第1項各号に定める表簿等を備えているとともに、同条第2項に定める期間、適切に保存すること。また、生徒情報の適切な管理

等に努めること。

④　高等学校等就学支援金の代理受領等の事務を適正かつ確実に執行するとともに、生徒募集等に当たって、高等学校等就学支援金が、例えば、学校独自の特典や授業料軽減策であるかのような不適切な表示を行わないことはもとより、授業料や高等学校等就学支援金、高校生等奨学給付金、その他の奨学金等の申請方法を含めた取扱いについて適切に説明した上で表示すること[4]。

2．教育課程等に関する事項

(1)　教育課程及びそれに基づく指導と評価

①　通信制の課程においても、高等学校教育として、教育基本法（平成18年法律第120号）、学校教育法、高等学校学習指導要領（平成21年文部科学省告示第34号。以下「指導要領」という。）等の教育課程に関する法令等に従い、適切な教育課程を編成すること。

②　教育課程の実施に当たっては、指導要領及びその解説を踏まえ、各教科・科目、総合的な探究の時間及び特別活動（以下「各教科・科目等」という。）のそれぞれについて、指導目標、指導内容、指導の順序、指導方法、使用教材（教科用図書等）、指導の時間配当等を具体的に定めた指導計画を作成すること。

③　通信教育の実施に当たっては、指導要領及びその解説並びに本ガイドラインを踏まえ、次に掲げる事項を記載した計画として、通信教育実施計画を作成すること。

　(a)　通信教育を実施する各教科・科目等の名称及び目標に関すること。

　(b)　通信教育を実施する各教科・科目等ごとの通信教育の方法及び内容並びに一年間の通信教育の計画に関すること。

　(c)　通信教育を実施する各教科・科目等ごとの学習の成果に係る評価及び単位の修得の認定に当たっての基準に関すること。

4　ここでいう「自校の施設」とは、自己所有、借用のいずれかを問わない。また、他の学校等の校舎施設の一部を借用して自校の教室としているものも含む。

④ 通信教育実施計画の作成に当たっては、通信教育規程第4条の3各号に掲げる事項がそれぞれ容易に理解できるよう記載されている必要があること。例えば、通信教育規程第4条の3第2号に掲げる「通信教育の方法及び内容並びに一年間の通信教育の計画」としては、通信教育規程第2条第1項及び第2項の規定に基づき、添削指導、面接指導及び試験並びに多様なメディアを利用した指導等の方法で区分した上で、その実施回数等に応じながら、取り扱う単元などの具体的な実施内容を記載するとともに、添削課題の提出日、面接指導の実施日及び試験の実施日並びに報告課題の提出日などの具体的な年間計画を記載するなど、容易に理解できるよう工夫して記載するものとすること。

⑤ 通信教育実施計画の作成に当たっては、通信教育規程第3条の規定により通信教育連携協力施設を設ける場合には、通信教育規程第4条の3各号に掲げる事項に関する当該通信教育連携協力施設ごとの連携協力に係る活動の状況について、容易に理解できるよう記載されている必要があること。例えば、実施校と通信教育連携協力施設とで面接指導等の実施日が異なる場合には、当該通信教育連携協力施設で面接指導等を受けることを予定する生徒に対して、当該通信教育連携協力施設において実施される面接指導等の一年間の計画等が容易に理解できるよう記載し、明示するものとすること。

⑥ 通信教育実施計画の作成に当たっては、学校教育法等の関係法令に則って、高等学校として実施する高等学校通信教育と、正規の教育課程ではない教育活動（いわゆる通学コース）とは明確に区別されるものであり、渾然一体となって記載されることがないようすること。

⑦ 通信教育実施計画については、通信教育規程第4条の3の規定に基づき、生徒に対して、あらかじめ明示するものとするとともに、通信教育規程第14条第1項第6号及び同条第2項の規定に基づき、広く一般に公開するものとすること。例えば、刊行物の掲載、学校ホームページを活用したインターネットの利用等の方法が考えられること。

⑧ 学習評価に当たっては、「小学校、中学校、高等学校及び特別支援

227

学校等における児童生徒の学習評価及び指導要録の改善等について」
（平成31年3月29日文部科学省初等中等教育局長通知）に示す評価の観
点及び趣旨を十分踏まえながら、それぞれの教科・科目等のねらいや
特性を勘案して、具体的な評価規準を設定するなど評価の在り方を工
夫すること。

⑨　単位修得の認定は、教員が行う平素の学習評価に基づいて、最終的
に校長が行うこと。校長は、学校があらかじめ定めた卒業までの修得
すべき単位数を修得した者で、特別活動を履修しその成果が目標から
みて満足できると認められる生徒について、全課程の修了を認定する
こと。

⑩　指導と評価に当たっては、基礎的な知識及び技能を習得させるとと
もに、これらを活用して課題を解決するために必要な思考力、判断力、
表現力その他の能力をはぐくみ、主体的に学習に取り組む態度を養う
ことに特に意を用いることとされている（学校教育法第30条第2項等）
ことを踏まえ、通信制の課程においても、これに基づき適切な教育が
実施されるよう教育活動の工夫を図ること。

⑪　集団活動の場として欠かすことのできないホームルーム活動をはじ
めとした特別活動の重要性に鑑み、年間指導計画に基づき、特別活動
について卒業までに30単位時間以上指導すること。

(2)　**添削指導及びその評価**

①　添削指導は高等学校通信教育における教育の基幹的な部分であり、
実施校は添削指導を通じて生徒の学習の状況を把握し、生徒の思考の
方向性とつまずきを的確に捉えて指導すること。

②　添削指導及びその評価は、各教科の教員免許状を取得している実施
校の教員が行うこと。

③　指導要領において定める添削指導の回数の標準を踏まえて、各教
科・科目等における添削指導の回数を十分確保すること。

④　マークシート形式のように機械的に採点ができるような添削課題や、
択一式の問題のみで構成される添削課題は不適切であること。

⑤　添削指導の実施に当たっては、年度末や試験前にまとめて添削課題を提出させたり、学期当初に全回数分の添削課題をまとめて提出することを可能としたりするような運用は行わないこと。また、添削指導や面接指導が完了する前に、当該学期の全ての学習内容を対象とした学期末の試験を実施したりするようなことがないよう、年間指導計画及び通信教育実施計画に基づき、計画的に実施すること。

⑥　添削指導の実施に当たっては、正誤のみの指摘はもちろん、解答に対する正答のみの記載や一律の解説の記載だけでは不十分、不適切であり、各生徒の誤答の内容等を踏まえた解説を記載するなど、生徒一人一人の学習の状況に応じた解説や自学自習を進めていく上でのアドバイス等を記載すること。

⑦　生徒から添削指導等についての質問を受け付け、速やかに回答する仕組みを整えること。

(3)　面接指導及びその評価

①　面接指導は、添削指導と同様、高等学校通信教育における基幹的な部分であり、各学校はその重要性に鑑み、絶えず改善に努めること。

②　面接指導及びその評価は、各教科の教員免許状を取得している実施校の教員が行うこと。

③　指導要領において定める面接指導の単位時間数の標準を踏まえて、各教科・科目における面接指導の単位時間数を十分確保すること。面接指導の授業の1単位時間を弾力的に運用する場合でも、1単位時間を50分として計算された単位数に見合う面接指導の単位時間数を十分確保すること。

④　面接指導においては、全日制・定時制課程の「授業」とは異なり、それまでの添削指導等を通して明らかとなった個々の生徒のもつ学習上の課題を十分考慮しながら、年間指導計画に基づき、自宅学習を行う上で必要な基礎的・基本的な知識について指導したり、個々の生徒のもつ学習上の課題について十分考慮しその後の自宅学習への示唆を与えたりするなど、計画的、体系的に指導するものであって、個に応

じた指導の徹底を図るものとすること。

⑤　面接指導は、通信教育規程第4条の2の規定により、個々の生徒に応じたきめ細かな指導が行えるよう、少人数で行うことを基本とすること。具体的には、各学校や生徒の実態等を踏まえ、面接指導の意義及び役割を十分に発揮できるよう、各教科・科目等の特質に応じて適切に設定するべきものであり、同時に面接指導を受ける生徒数は、多くとも40人を超えない範囲内で設定すること。

⑥　面接指導は、指導要領に規定される各教科・科目等の目標及び内容を踏まえ、計画的かつ体系的に指導することが必要であること。とりわけ特別活動や総合的な探究の時間は、不適切な運用も多く見受けられることから、指導要領に規定される目標及び内容に改めて留意した上で、適切に実施するものとすること。

⑦　正規の教育課程ではない教育活動（いわゆる通学コース）と、指導要領等に基づき高等学校通信教育として実施される面接指導とは明確に区別されるものであり、面接指導は上記の事項も踏まえ、指導要領等の法令等に基づき実施すること。

⑧　合宿等を伴って特定時期に集中的に行う面接指導（いわゆる集中スクーリング）の実施を計画する場合には、生徒及び教職員の健康面や指導面の効果を考慮して、例えば8時30分から17時15分までとしたり、多くとも1日当たり8単位時間までを目安に設置したりするなど、1日に実施する面接指導の時間数を適切に定めること。なお、オリエンテーションなどの面接指導以外の活動をその時間の前後に位置付けることを妨げるものではないが、生徒及び教職員の健康面には十分に配慮すること。

(4) **多様なメディアを利用して行う学習及び当該学習による面接指導等時間数の減免**

①　ラジオ放送、テレビ放送その他多様なメディアを利用した学習を取り入れた指導及びその評価は、各教科の教員免許状を取得している実施校の教員が行うこと。

② 多様なメディアを利用して行う学習は、計画的、継続的に取り入れるべきものであり、高等学校教育の目標に基づき、高等学校教育としての水準の確保に十分配慮すること。

③ 多様なメディアを利用して行う学習を計画的、継続的に取り入れ、各教科・科目の面接指導の時間数又は特別活動の時間数（以下「面接指導等時間数という。」）の一部免除を行うことができるのは、報告課題の作成等により、その成果が満足できると認められる場合であること。

④ ①から③までの場合において、面接指導等時間数のうち、10分の6以内の時間数を免除することができること。また、生徒の実態等を考慮して特に必要がある場合は、面接指導等時間数のうち、複数のメディアを利用することにより、メディアごとにそれぞれ10分の6以内の時間数を免除することができること。ただし、免除する時間数は合わせて10分の8を超えることができないこと。生徒の実態等を考慮して特に必要がある場合とは、例えば、「病気や事故のため、入院又は自宅療養を必要とする場合」、「いじめ、人間関係など心因的な事情により登校が困難である場合」、「仕事に従事していたり、海外での生活時間が長かったりして、時間の調整がつかない場合」や、「実施校自らが生徒の実態等を踏まえ、複数のメディア教材を作成する等により教育効果が確保される場合」等が想定されること。

⑤ 生徒の面接指導等時間数を免除しようとする場合には、本来行われるべき学習の量と質を低下させることがないよう、免除する時間数に応じて報告課題等の作成を求めるなど、高等学校教育として必要とされる学習の量と質を十分に確保すること。その際には、生徒の多様な状況に留意しつつ、観点別学習状況の評価が可能となるようその報告課題等の作成を求めるなどすること。

⑥ 生徒の面接指導等時間数を免除する場合、多様なメディアを利用して生徒が行った学習の時間数と、同程度又はそれ以上の時間数を免除するという運用は不適切であること[5]。

⑸ **試験及びその評価**

① 試験は、添削指導及び面接指導等における学習成果の評価とあいまって、単位を認定するために個々の生徒の学習状況等を測るための手段として重要な役割を担うものであり、各教科・科目等の目標の実現に向けた学習状況を把握する観点から、添削指導及び面接指導等の内容と十分関連付けて、その内容及び時期を適切に定めることとすること。例えば、1科目20分で実施することや、学期末以外の時期に行われる集中スクーリングにおいて試験を実施することなどは適切ではないこと。

② 試験の実施に当たっては、各教科・科目等の特質を踏まえることなく全て自由な成果物の提出により試験の替わりとしたり、試験問題が毎年同じであったりするなどの不適切な試験が実施されることがないよう、留意すること。なお、コンピュータやタブレット端末等を用いてオンラインでの試験等を実施する場合であっても、確実な本人確認や不正行為防止の仕組みを構築するなど、実施校の適切な監督下で実施すること。

③ 試験の採点及び評価に当たっては、その採点基準及び評価基準を踏まえ、各教科の教員免許状を有する実施校の教員が行うこととすること。

⑹ **学校設定教科・科目、総合的な学習の時間の実施**

① 学校設定教科・科目の開設、実施に当たっては、年間指導計画に基づき、資格のある教員が指導要領等に則り適切に実施すること。特に、単なる体験活動の実施を単位認定するような運用や、生徒の学習状況の把握及び評価が十分に行われないまま実施されるような運用は不適切であり、高等学校教育の目標及びその教育水準の確保等に十分配慮すること。また、学校設定教科・科目の添削指導の回数及び面接指導

5 例えば、高等学校等就学支援金については、受給資格や支給額その他申請上の留意点等について、奨学金については申込資格・基準や返済義務等について、また、教育ローンやクレジット契約については返済内容その他消費者保護のために必要な事項等について、適切かつ明確な説明を行うことが必要である。

の単位時間数については、1単位につき、それぞれ1回以上及び1単位時間以上を確保した上で、各学校において適切に定めること。

② 総合的な探究の時間の添削指導の回数については、指導要領の規定を踏まえ、1単位につき1回以上を確保した上で、各学校において、学習活動に応じ適切に定めること。

③ 総合的な探究の時間における面接指導の単位時間数については、指導要領の規定を踏まえ、観察・実験・実習、発表や討論などを積極的に取り入れるためには、面接指導が重要となることを踏まえ、1単位につき1単位時間以上を確保した上で、各学校において、学習活動に応じ適切に定めること。

(7) その他

① 添削指導等の質の確保、向上のため、校内外における教員研修の機会の充実に努めること。

② 学校に在籍しながら履修登録を行わない生徒や、履修登録しているにも関わらず、添削課題への取組や面接指導への参加が困難な生徒に対しては、例えば生徒や保護者等への面談や電話かけ等を行うなど、個々の実情に応じ、適切な指導又は支援を行うよう努めること[6]。

③ 特別な支援を要する生徒の実態等を踏まえ、特別支援教育に関する校内委員会の設置や実態把握、特別支援教育コーディネーターの指名、特別支援教育に関する専門的な知識・経験を有する教員等の配置、個別の指導計画や個別の教育支援計画の策定・活用、教員の専門性向上のための研修の実施等により、支援の充実に努めること。

④ 教育支援や生徒指導、進路指導等は、正規の教育課程ではない教育活動（いわゆる通学コース）の受講の有無にかかわらず、学校として在籍する全ての生徒に対して、当然に行うべきものであること。

6　面接指導への欠席等により面接指導等時間数が不足するおそれのある生徒に対し、多様なメディアを利用して行う学習により面接指導等時間数の減免を行おうとする際には、平素から個々の生徒の面接指導の状況を把握し、多様なメディアを利用して行う学習が計画的、継続的に取り入れられるよう留意が必要である。

6. 文部科学省「学校教育法施行規則等の一部改正に関するQ&A」（令和3年3月31日策定・令和3年6月7日一部改正）

学校教育法施行規則等の一部改正に関するQ&A

令 和 3 年 3 月 31 日
（令和3年6月7日一部改正）
文部科学省初等中等教育局
参事官（高等学校担当）付

　学校教育法施行規則等の一部を改正する省令（令和3年文部科学省令第14号）、高等学校学習指導要領の一部を改正する告示（令和3年文部科学省告示第61号）、中等教育学校並びに併設型中学校及び併設型高等学校の教育課程の基準の特例を定める件及び連携型中学校及び連携型高等学校の教育課程の基準の特例を定める件の一部を改正する告示（令和3年文部科学省告示第62号）が、それぞれ令和3年3月31日に公布されました。また、令和3年3月31日付けで、「学校教育法施行規則等の一部を改正する省令等の公布について（通知）」（2文科初第2124号文部科学省初等中等教育局長通知。以下「公布通知」という。）を発出したところです。

　この度、公布通知を補足する資料として、これらの省令及び告示における改正の趣旨、内容等についてのQ&Aを以下のとおり取りまとめましたので、改正省令等の施行に向けて参照いただきますようお願いします。

　（注）なお、省令及び告示の名称等の略称は、原則として公布通知のものを用いています。

1　高等学校に期待される社会的役割等の再定義について
　（略）

2　高等学校における三つの方針の策定・公表について

　　（略）

3　高等学校と関係機関等との連携協力体制の整備について

　　（略）

4　高等学校における「普通教育を主とする学科」の弾力化について

　　（略）

5　高等学校通信教育の質保証について

Q１．通信教育規程第４条の３の規定により通信教育実施計画を作成するに
　　当たっては、何らか統一的な様式・フォーマットに従う必要はありますか。

A１．統一的な様式・フォーマットは特段ございませんが、例えば、通信教
　　育規程第４条の３第１項第２号に掲げる「通信教育の方法及び内容並びに
　　一年間の通信教育の計画」としては、通信教育規程第２条第１項及び第２
　　項の規定に基づき、添削指導、面接指導及び試験並びに多様なメディアを
　　利用した指導等の方法で区分するものとし、その方法及び回数に応じなが
　　ら、取り扱う単元などの具体的な実施内容とともに、添削課題の提出日、
　　面接指導の実施日及び試験の実施日並びに報告課題の提出日などの具体的
　　な年間計画を記載するものとするなど、通信教育規程第４条の３第１項各
　　号に掲げる事項がそれぞれ容易に理解できるよう作成ください。

Q２．予定を上回る人数の履修希望があり、やむを得ずに、同時に面接指導
　　を受ける生徒数が 40 人を超えてしまう場合には、通信教育規程第４条の
　　２の規定との関係をどのように考えればよいですか。

A２．通信教育規程第４条の２において、同時に面接指導を受ける生徒数は、
　　少人数とすることを基本とし、40 人を超えてはならないこととされていま
　　す。特別の事情があり、かつ、教育上及び安全上支障がないことが確保さ
　　れれば、そのことのみをもって直ちに法令違反であるものとはされないも

のの、その改善を図っていくべきものと考えられます。

Q3．私立の通信制の課程を置く高等学校について、通信教育連携協力施設に相当する既存施設の施設及び設備等を現に使用している場合において、今般の改正に伴い、所轄庁である都道府県が新たに定める通信教育連携協力施設の施設及び設備等の基準を満たさないものとなったときは、それとの関係をどのように考えればよいですか。

A3．所轄庁である都道府県において適切に判断されるべきものでありますが、現に使用している既存施設の施設及び設備等が、今般の改正に伴い、所轄庁である都道府県が新たに定める通信教育連携協力施設の施設及び設備等の基準を満たさないものとなる場合には、実施校の設置者は、所轄庁である都道府県の設置認可基準に則って、必要な改善策を講ずることが求められるものと考えられます。一方で、その施設及び設備等が現に使用されている場合には、仮にその施設及び設備等の使用を取りやめた際に影響を与え得る生徒の不利益等の事情を考慮すれば、所轄庁である都道府県においては、そうした事情に応じて、例えば現に在籍している生徒が卒業するまでの間は引き続き使用を認めるなど、一定の配慮が行われるべきものと考えられます。

Q4．私立の通信制の課程を置く高等学校について、通信教育連携協力施設に相当する既存施設の施設及び設備等を現に使用している場合において、今般の改正に伴い、当該施設の所在地の都道府県が新たに定める通信教育連携協力施設の施設及び設備等の基準を満たさないものとなったときは、どのように考えればよいですか。

A4．A3と同様に所轄庁である都道府県において適切に判断されるべきものでありますが、現に使用している既存施設の施設及び設備等が、今般の改正に伴い、所轄庁である都道府県が新たに定める通信教育連携協力施設の施設及び設備等の基準、又は当該施設の所在地の都道府県が新たに定める通信教育連携協力施設の施設及び設備等の基準を満たさないものとなる

場合には、実施校の設置者は、これらの設置認可基準に則って、必要な改善策を講ずることが求められるものと考えられます。一方で、その施設及び設備等が現に使用されている場合には、仮にその施設及び設備等の使用を取りやめた際に影響を与え得る生徒の不利益等の事情を考慮すれば、所轄庁である都道府県においては、そうした事情に応じて、例えば現に在籍している生徒が卒業するまでの間は引き続き使用を認めるなど、一定の配慮が行われるべきものと考えられます。

Q5. 面接指導等実施施設として専修学校を設ける場合において、実施校の責任下で行う学校評価の対象となる教育活動については、どのように考えればよいですか。

A5. 通信教育規程第13条に定める通信教育連携協力施設における連携協力の状況の評価については、通信教育規程第3条第4項の規定により実施校の設置者が定めるところにより行う連携協力に係る活動の状況を評価するものです。一方、実施校の設置者が定めるところによらずに、連携協力を行う施設が独自に実施する教育活動等は、通信教育規程第13条に定める評価の対象には含まれておりません。

Q6. 通信教育規程第14条第1項各号に掲げる事項に関する情報については、学校ホームページ上のどこかにその情報が公表されている状態となっていれば、それをもって情報を公表しているものと考えてもよいですか。

A6. 通信教育規程第14条に定める情報の公表に当たっては、公的な教育機関として社会への説明責任を果たし、外部から適切な評価を受けながら教育水準の向上を図る観点から、例えば、学校ホームページにおいて情報の公表を目的とするウェブページを設けて、同条第1項各号に掲げる事項等を体系的に整理して発信するなど、分かりやすく周知することができるよう工夫して公表することが求められます。

Q7. 広域の通信制の課程を置く高等学校の学則について、今般の改正に伴

い、形式的な変更や軽微な変更を行う場合であっても、改正省令の施行日
（令和4年4月1日）までに所轄庁の認可を受ける必要がありますか。

A7．所轄庁である都道府県において適切に判断されるべきものであります
が、実質的な内容の変更を伴わない場合には、必ずしも改正省令の施行日
（令和4年4月1日）までに所轄庁の認可を受けていただく必要はないと考
えています。一方で、仮に形式的な変更や軽微な変更を行う場合であって
も、広域の通信制の課程に係る学則の変更については、学校教育法第4条
第1項の認可を受けなければならないものとなるため、実質的な内容の変
更を伴う当該学則の変更を行う際に、併せて変更いただきますようお願い
します。

Q8．通信教育連携協力施設の施設・設備については、当該施設の所在地の
都道府県が定める基準を満たす必要がありますが、通信教育連携協力施設
に係る学則変更認可に際し、実施校の所轄庁が所在地の都道府県の基準を
満たしていることを確認した上で、認可の可否を判断することとなるので
しょうか。

A8．実施校の所轄庁におかれては、その通信教育連携協力施設の所在地の
都道府県の基準を満たしていることを実施校が確認していることを確認し
た上で、所轄庁である都道府県において適切に判断されるべきものになり
ます。

Q9．通信教育連携協力施設の施設・設備に係る基準が都道府県により異な
る場合、実施校の所轄庁が定めた基準より、当該施設の所在地の都道府県
が定めた基準が優先されるのでしょうか。

A9．原則として実施校の所轄庁が定めた基準と通信教育連携協力施設の所
在地の都道府県が定めた基準の両方を満たす必要があります。ただしどち
らを優先するかどうかについては、所轄庁である都道府県において適切に
判断されるべきものになります。

Q10. 通信教育連携協力施設における添削指導や面接指導、成績評価等の業務は、実施校の身分を有する教職員が責任を持って行うこととありますが、学則の職員組織に関する事項に、当該施設の教職員も記載させることとなるのでしょうか。

A10. 職員組織に関する事項として、教職員は学則に記載する必要があると考えています。ついては通信教育連携協力施設の職員が、実施校の教職員である場合には記載することになります。

Q11. 面接指導等実施施設については、「実施校の分校又は協力校であることが基本」とありますが、協力校とはどのようなものを想定していますか。

A11. 協力校は、実施校の行う面接指導・試験等に協力する他の高等学校を想定しています。

Q12. 「学習等支援施設の施設及び設備等は、教育上及び安全上支障がないものでなければならない。」とありますが、「教育上及び安全上支障がない」とは、具体的に何を指しているのでしょうか。

A12. 「教育上及び安全上支障がない」とは、通信教育（面接指導、添削指導、試験）が適切に行える環境かどうか、当該教育を行うにあたり安全上適切かどうか等を指しています。

6　単位制の課程における教育課程に関する情報の公表について
　　（略）

索　引

著者略歴

小川　慶将（おがわ　よしまさ）

1993 年　広島県広島市に生まれる
2016 年　東京大学経済学部卒業
2016 年　文部科学省入省
2016 年　文部科学省大臣官房人事課法規係
2016 年　文化庁長官官房著作権課法規係
2019 年　文部科学省初等中等教育局参事官（高等学校担当）付高校
　　　　　教育改革係長
2019 年　（併）初等中等教育企画課学びの先端技術活用推進室専門職
2021 年　三村小松山縣法律事務所勤務

高等学校通信教育規程　令和 3 年改正解説

2022 年 2 月 20 日　第 1 版第 1 刷発行

著 者　小 川 慶 将

発行者　井 村 寿 人

発行所　株式会社　勁 草 書 房

112-0005 東京都文京区水道2-1-1　振替　00150-2-175253
（編集）電話 03-3815-5277／FAX 03-3814-6968
（営業）電話 03-3814-6861／FAX 03-3814-6854
本文組版 プログレス・理想社・中永製本

https://www.keisoshobo.co.jp

＊表示価格は 2022 年 2 月現在。消費税 10％ が含まれております。